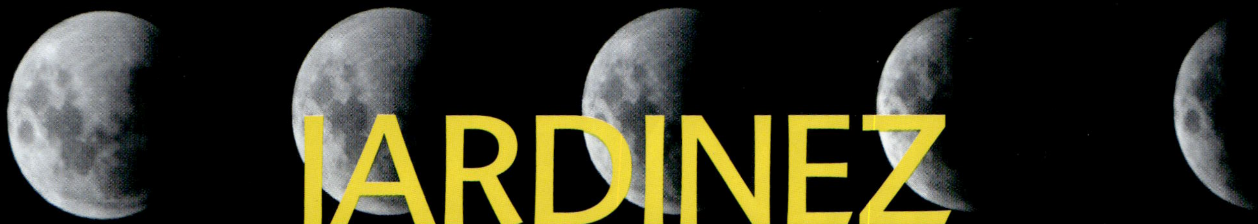

Le calendrier de

JARDINEZ AVEC LA LUNE

Rustica éditions

2023

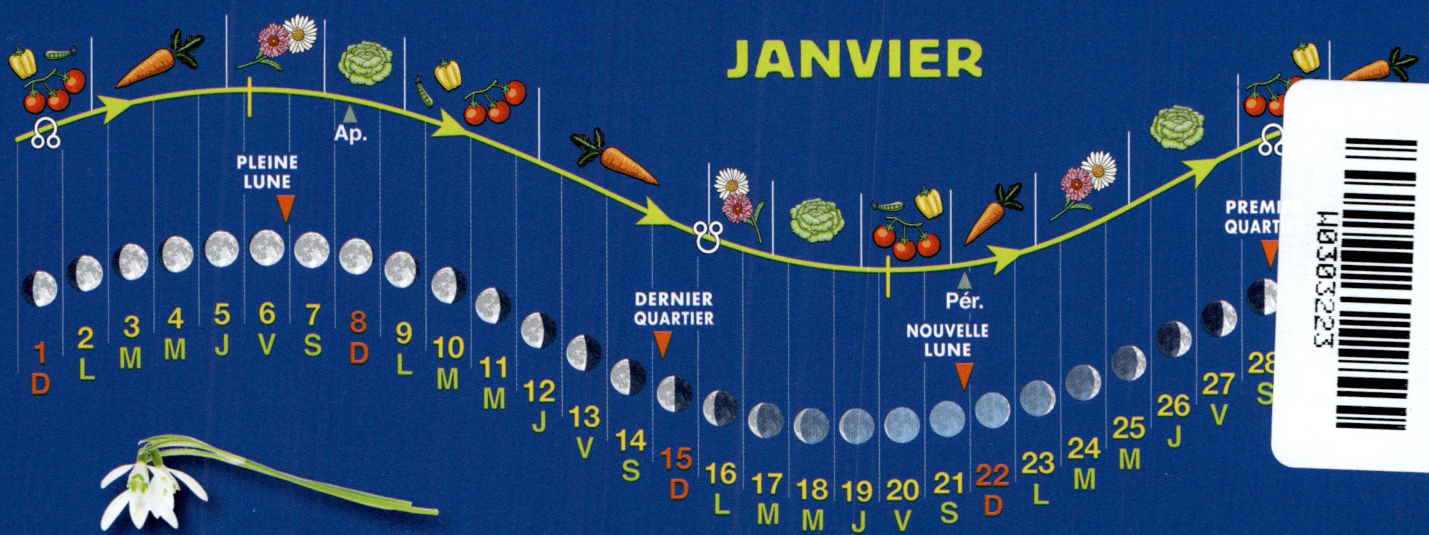

FÉVRIER

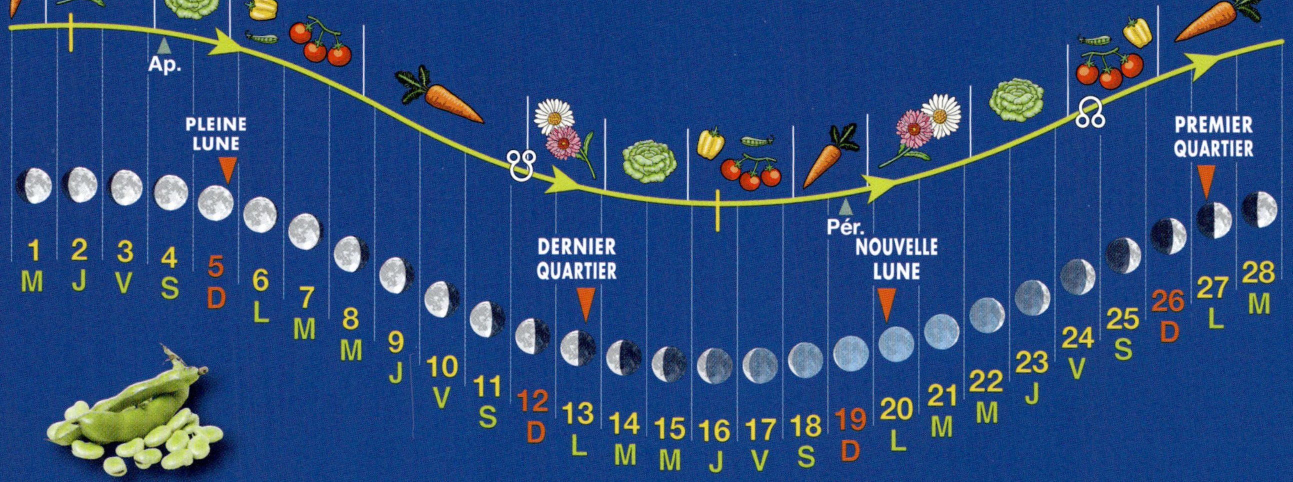

MARS

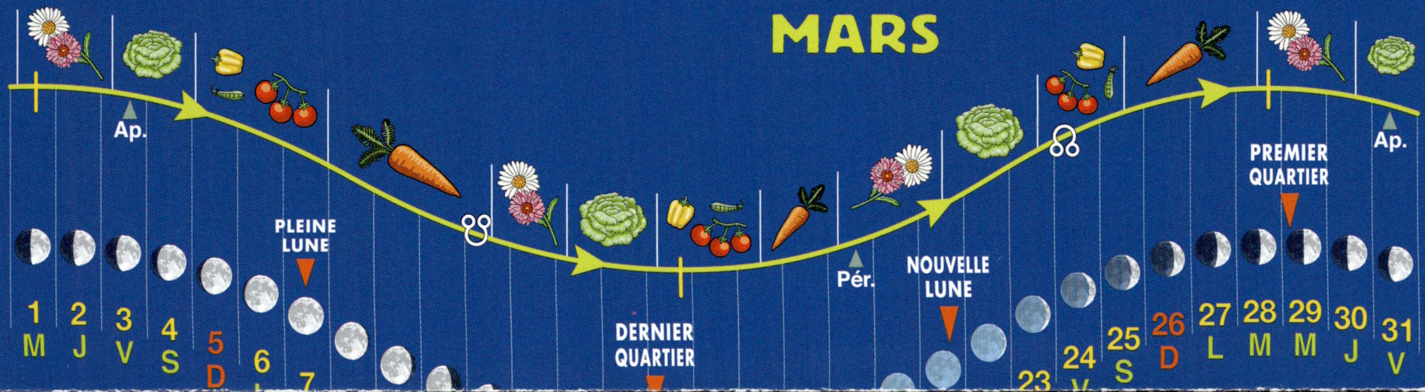

CÉLESTE

JARDINEZ AVEC LA LUNE 2023

Rustica éditions

Sommaire

La météo de votre jardin 88

Les tableaux des cultures 106

Pour visionner les vidéos

Téléchargez gratuitement l'application adaptée à votre smartphone ou votre tablette et flashez les QR codes. Vous pouvez également utiliser les liens présents dans le livre pour regarder les vidéos sur votre ordinateur.

Chaque vidéo proposée est en rapport avec un geste à réaliser dans la semaine, surligné en jaune dans le calendrier lunaire.

BIBLIOGRAPHIE

- Bertrand (Bernard), Collaert (Jean-Paul), *Purin d'orties et compagnie*, Éditions de Terran, 2003.
- Garnaud-d'Ersu (Valérie), *Le Calendrier du jardin, plante par plante*, Éditions Rustica, 2004.
- Lamontagne (Jean-Claude), *Les Plantes aromatiques*, Éditions Rustica, 2001.
- Renaud (Victor), *Parasites : les traitements bio*, Éditions Rustica, 2009.
- Renaud (Victor) et Dudouet (Christian), *Le Traité Rustica du potager*, Éditions Rustica, 2011.
- Rey (Hans Augusto), *Sachez lire les étoiles*, Éditions Maritimes et d'Outre-mer, 1991.
- Saintyves (Pierre), *L'Astrologie populaire*, Éditions du Rocher, 1989.
- Schimmele (B.), *Cultures associées*, Mouvement de culture biodynamique, Colmar.
- Trédoulat (Thérèse), *Le Guide pratique du BioContrôle*, Rustica éditions, 2021.
- Wagner (Hans), *Le Poireau préfère les fraises*, Terre Vivante, 2001.

Avant-propos

En 2023, *Jardinez avec la Lune* fête ses 40 ans ! Quatre décennies de calendriers lunaires qui vous guident pour mieux récolter vos fruits et légumes, cultiver vos fleurs ou arbustes. Au fil des années, cet ouvrage a évolué, il s'est enrichi de conseils en permaculture et en biodynamie pour intervenir en respectant le sol, favoriser les associations bénéfiques entre plantes potagères et fleurs ou introduire des légumes perpétuels. Quant au biocontrôle, il adopte des méthodes naturelles pour réguler les problèmes de maladies et de parasites qui attaquent les végétaux.

Les vidéos sélectionnées montrent les étapes d'un semis, d'un bouturage, d'une taille pour ne pas commettre d'erreur ou complètent les gestes proposés dans le calendrier. La météo n'est pas clémente ou vous n'êtes pas disponible le jour idéal pour semer vos carottes ? Reportez-vous au tableau de culture des légumes-racines qui vous indiquera les autres jours favorables. Dans cette partie, vous trouverez les dates des principales étapes à suivre pour les légumes et plantes les plus courantes.

Comme toujours, vous pouvez noter mois par mois la météo relevée dans votre jardin pour apprendre à mieux le connaître. Vous pourrez ainsi affiner vos pratiques jardinières, sélectionner les plantes qui réussissent le mieux et éviter celles qui produisent peu ou sont souvent malades.

Un grand merci à vous tous, fidèles lecteurs et utilisateurs, qui faites confiance à *Jardinez avec la Lune* depuis si longtemps. Vivez une belle année dans votre jardin, riche de récoltes saines et abondantes, de discussions et de partages avec vos voisins ou amis.

La Lune et le jardin

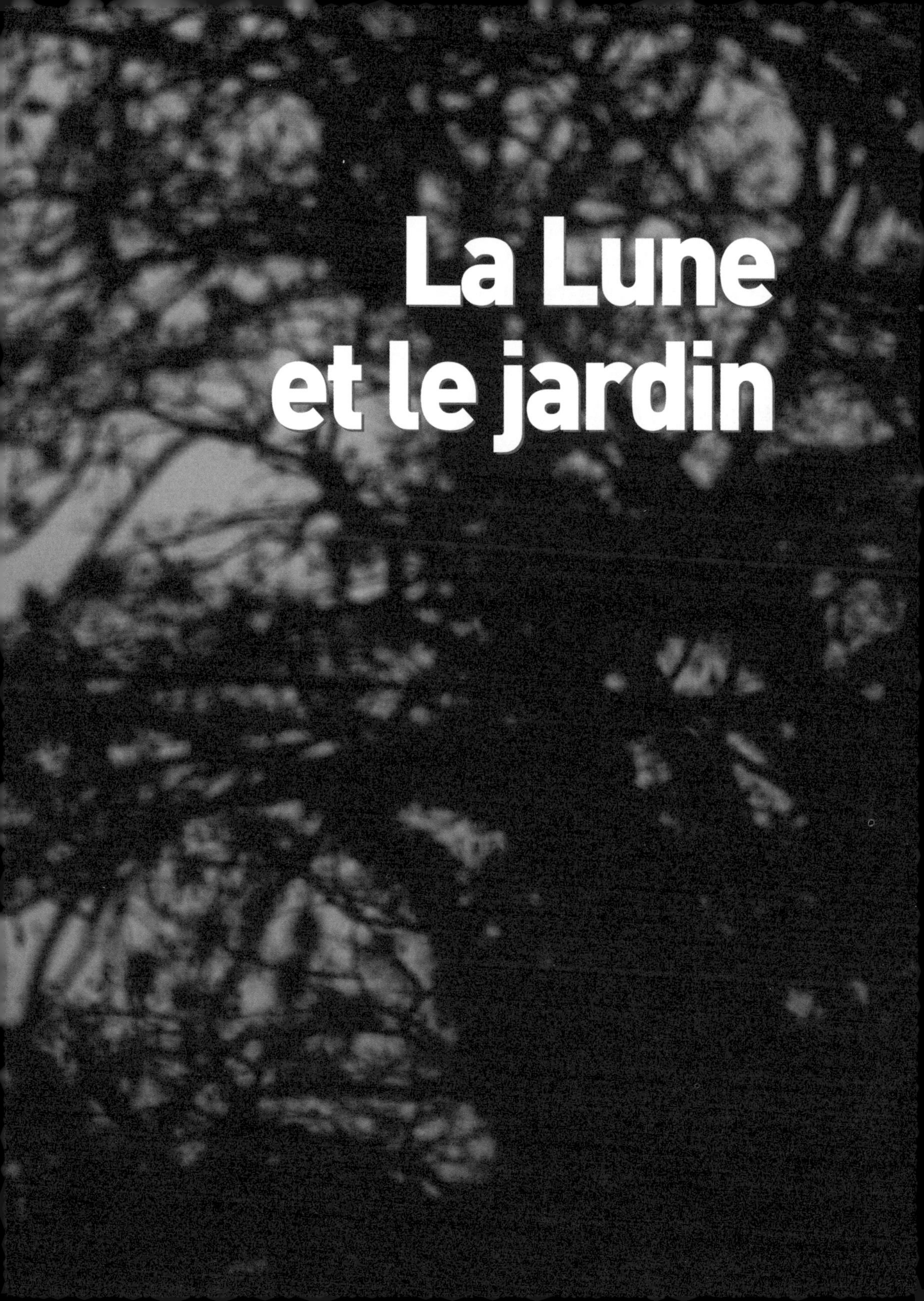

LA RESPIRATION DE LA TERRE

La Terre respire selon trois rythmes : une respiration annuelle conduite par le Soleil ; une respiration mensuelle rythmée par la Lune ; une respiration quotidienne, celle de l'alternance du jour et de la nuit.

La respiration annuelle

Suivons la course du Soleil dans la zone tempérée de l'hémisphère Nord. Nous comprendrons ensuite parfaitement la course de la Lune et ses effets, base de notre calendrier.

L'hiver et le printemps

Au solstice d'hiver le 22 décembre, jour le plus court de l'année (8 h 10 min), le Soleil se lève à l'extrême sud-est de sa course et décrit dans le ciel son arc le plus court. Il se couche à l'extrême sud-ouest pour la nuit la plus longue (15 h 50 min). S'il cessait de briller, nous verrions apparaître derrière lui la très belle constellation du Sagittaire, constellation la plus basse à l'horizon sud. Toute végétation semble absente ou endormie. La terre prépare son renouveau. La nouvelle année solaire commence.

De ce jour le plus court au solstice d'été le 21 juin, jour le plus long (16 h 07 min), le Soleil monte de plus en plus haut dans le ciel. Du Sagittaire, la constellation la plus basse, au Taureau, la constellation la plus élevée, pratiquement au zénith, il est ascendant. Durant ces six mois, la terre, jour après jour, très lentement, se réchauffe. À mesure que le Soleil monte dans le ciel, que les jours rallongent, la sève se manifeste dans l'ensemble du monde végétal.

Nous assistons à une véritable résurrection de la nature qui va progressivement guider les multiples travaux de jardinage : taille fruitière et d'ornement, façonnage de la terre, semis, repiquages, etc. Avec juin se terminent la grande poussée de la végétation et la saison des semis d'été. Celle des récoltes va commencer.

L'été et l'automne

Au solstice d'été le 21 juin, le Soleil amorce sa courbe descendante. Ses rayons chauds deviennent desséchants. Les jours diminuent. Les récoltes battent leur plein et la terre commence à se dénuder. La montée de la sève se calme. Les feuilles des arbres se dessèchent.

Après l'équinoxe d'automne qui a lieu le 23 septembre, vous pourrez peu à peu commencer à travailler le sol pour préparer la prochaine année.

À chaque récolte, la terre s'appauvrit des légumes et fruits donnés. Il faut lui refaire une santé par un apport de compost affiné, de fumures vivifiantes, d'engrais verts dynamisants.

Dans son inspiration profonde, la terre absorbe tous les éléments fertilisants et rééquilibrants que vous lui apportez pour sa reconstruction. La sève redescend dans les racines. Les feuilles s'envolent. Les jours diminuent de plus en plus, l'hiver arrive. Le Soleil, en bas du cycle, retrouve le Sagittaire et un souffle nouveau pour repartir !

Ce sera pour vous le moment de choisir les jours calmes et cléments pour planter les vivaces, les arbres et arbustes à racines nues.

POSITION DE LA TERRE PAR RAPPORT AUX CONSTELLATIONS DU ZODIAQUE

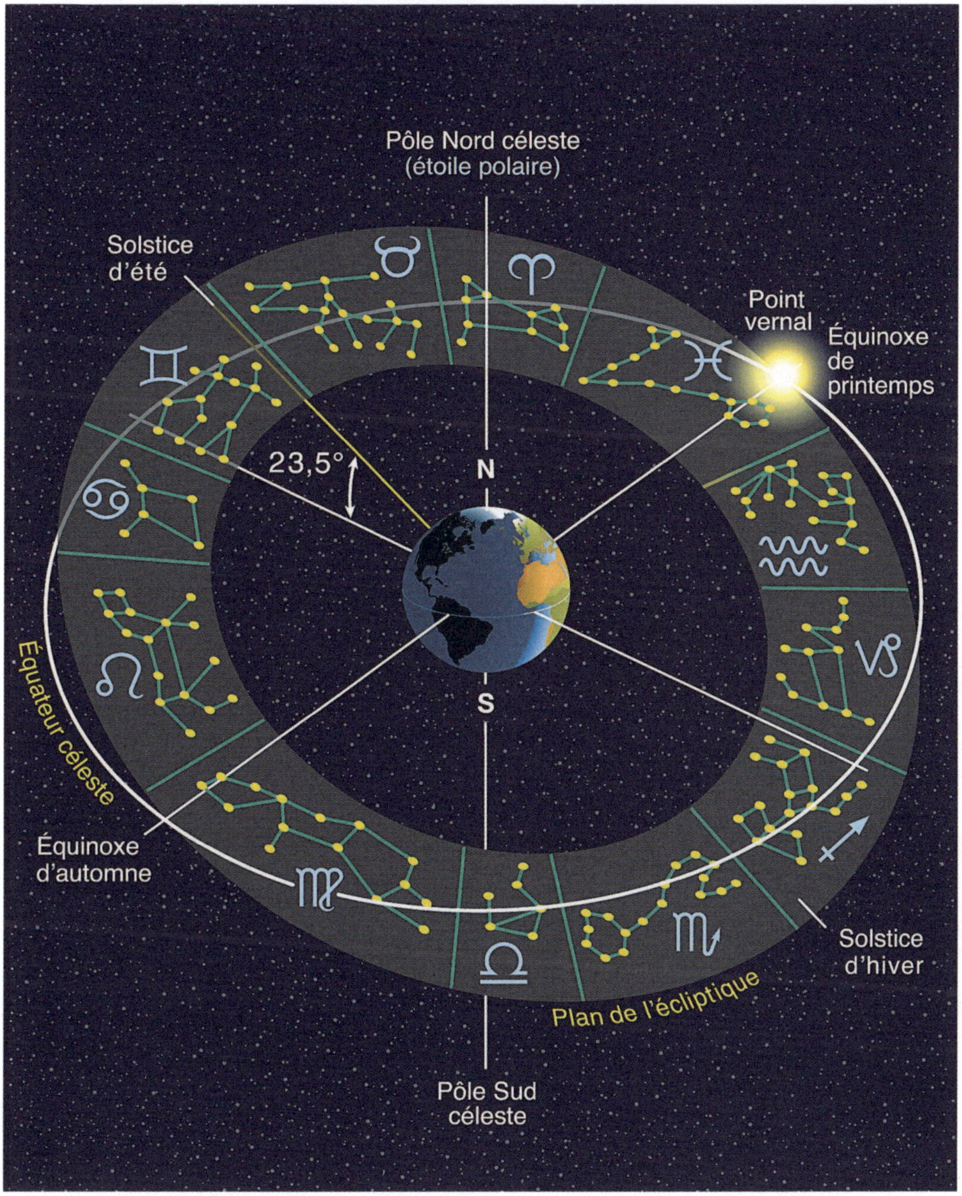

La respiration mensuelle

La Lune fait le tour de la Terre en un mois lunaire d'environ 27 jours. Exactement à l'image du Soleil en une année, elle passe devant chaque constellation du zodiaque et exerce une influence très importante sur la Terre. L'exemple le plus spectaculaire de son action est donné par le phénomène des marées – hautes quand la Lune est à la verticale (zénith ou nadir), basses quand elle est à l'horizon (est ou ouest) –, sensible également à l'intérieur des terres comme le prouvent de multiples expériences conduites par des équipes scientifiques de nombreux pays (Allemagne, États-Unis, Angleterre, etc.).

Regardez le ciel chaque jour. Quand la Lune est là, localisez-la dans votre environnement. Prenez des repères : un arbre, une maison, une colline, etc. D'un jour à l'autre, vous la verrez soit monter, soit descendre...

L'almanach du facteur vous donne les heures quotidiennes des levers de la Lune (chaque jour, en moyenne, une heure plus tard que la veille).

Lune montante : le printemps lunaire

Durant treize jours et demi, la Lune est **montante** de la constellation du Sagittaire, la plus basse, à celle du Taureau, la plus élevée. Elle suit le chemin parcouru par le Soleil du 21 décembre au 21 juin. Pendant cette période, la sève monte dans tous les végétaux et gonfle la partie aérienne des plantes. Voici le moment de prélever des greffons (en les gardant à bonne température jusqu'au moment de greffer), de semer, de récolter les légumes-feuilles, les fruits qui seront juteux à souhait et de couper les fleurs à bouquets.

Prenez comme repère un point fixe, ici un arbre, et notez l'heure. Regardez le lendemain, deux heures plus tard. Si la Lune est plus haute, elle est montante, si elle est plus basse vers l'horizon, elle est descendante.

Lune descendante : l'automne lunaire

Inversement, durant treize jours et demi, la Lune est **descendante** de la constellation du Taureau à celle du Sagittaire et vous la voyez jour après jour descendre dans le ciel toujours plus bas vers l'horizon.
Elle suit le chemin parcouru par le Soleil du 21 juin au 21 décembre. La sève redescend dans les racines. Comme en octobre, la terre absorbe : c'est le moment de planter, de repiquer, d'épandre du compost et des engrais organiques, et de tailler. La reprise des plantes est facilitée, l'enracinement se fait en profondeur ; la terre absorbe bien les fertilisants ; les haies supportent la taille sans difficulté et repoussent moins rapidement. Les plaies d'élagage des grands arbres cicatrisent plus facilement.

On appelle révolution sidérale le mouvement ascendant et descendant que la Lune décrit en une durée de 27 jours, 7 h, 43 min, 11 s. **C'est ce mouvement montant et descendant qui nous intéresse au jardin.**

Lune croissante, Lune décroissante

Un autre cycle s'effectue également en un mois, plus exactement en 29 jours, 12 h, 44 min, 2 s. C'est la révolution synodique. **Nous n'en tenons pas compte pour jardiner avec la Lune.**
La Lune est **croissante** de la nouvelle lune à la pleine lune. À la nouvelle lune, elle est en conjonction avec le Soleil qui éclaire sa face invisible et elle disparaît du ciel. Puis on voit une mince faucille qui croît chaque jour pour devenir le premier quartier et aboutir à la pleine lune.
La Lune est **décroissante** de la pleine lune à la nouvelle lune. À la pleine lune, elle est entièrement éclairée par le Soleil et apparaît toute ronde. Elle décroît ensuite chaque jour pour disparaître entièrement à la nouvelle lune.

Attention ! **Ne confondez pas lune montante et lune croissante, lune descendante et lune décroissante.**

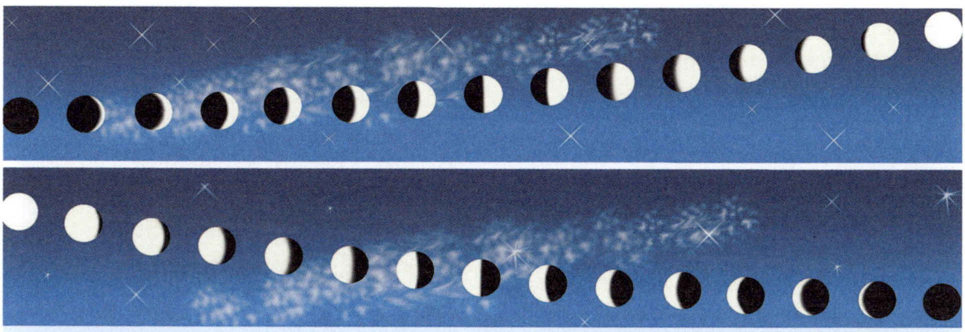

En haut, la Lune croissante débute avec la nouvelle lune, invisible dans le ciel, puis passe par le premier quartier et se termine à la pleine lune. Le croissant grossit un peu chaque jour jusqu'à former un globe. En bas, elle est décroissante de la pleine lune à la nouvelle lune en passant par le dernier quartier.

La respiration quotidienne

S'il vous est arrivé de faire du camping sauvage en forêt, vous avez été immanquablement éveillé par un merveilleux déchaînement de chants d'oiseaux une heure ou deux avant le lever du soleil. L'air se refroidit, l'humidité s'accroît, les plantes aussi s'éveillent, s'ouvrent à la rosée du matin. La sève gonfle les végétaux.

Dans la matinée, quand toute l'humidité de surface a disparu, le moment est venu de faire vos semis, de cueillir les salades, les épinards, les cornichons, tout ce qui se récolte au-dessus du sol. Puis, entre 12 h et 15 h, un silence se fait. La terre s'intériorise à nouveau, les forces descendent vers les racines. Vient le moment de planter, de repiquer, de récolter les légumes-racines et enfin d'arroser quand le soleil est couché. Les plantes s'endorment. Respectons leur sommeil.

La Lune et la tradition

La Lune, cet astre quotidiennement changeant, a toujours intrigué les humains qui ont cherché à établir des correspondances entre ses phases et la météorologie, la santé, les naissances, les animaux, les plantes, etc. Si vous êtes amateur de cueillette de champignons et si les conditions sont favorables à la récolte (saison, humidité), inutile d'en chercher à la nouvelle lune. Ils sont alors en gestation et commencent à apparaître vers le cinquième jour pour être tendres, charnus, magnifiques à la pleine lune ou un peu avant. Ils poussent ensuite plus lentement et se dessèchent peu à peu.

LES CONSTELLATIONS DU ZODIAQUE

Dès les temps préhistoriques, l'homme a étudié les étoiles. Les premiers témoignages nous viennent des bergers chaldéens qui savaient lire dans le ciel l'heure de la nuit, la direction à prendre et la saison, résultat de méditations de nombreuses générations.

Les douze constellations

Une certaine zone d'étoiles fixes les unes par rapport aux autres a toujours été

Les révolutions lunaires

Révolution anomalistique

27 jours, 13 heures, 18 minutes et 33 secondes séparent deux passages consécutifs de la Lune à son périgée ou à son apogée.

Révolution draconitique

Entre deux passages successifs de la Lune au même nœud, il s'écoule 27 jours, 5 heures, 5 minutes et 36 secondes.

Révolution synodique

Dès le IIIe siècle avant notre ère, les Babyloniens calculèrent avec précision la durée moyenne entre deux phases lunaires semblables. Ils obtinrent une durée de 29 jours, 12 heures et 44 minutes et déterminèrent ainsi la lunaison, ou mois synodique, avec une erreur de 0,000053 jour !

particulièrement intéressante. Le Soleil, la Lune, les planètes la parcourent éternellement. En reliant certaines de ces étoiles par des lignes imaginaires, l'homme de Mésopotamie et d'Égypte a composé douze animaux plus ou moins étranges, d'où le nom de **zodiaque** (du grec *zôon* : animal, être vivant). Parmi les milliards d'étoiles qui nous entourent, vous reconnaîtrez toujours ces constellations privilégiées sur le chemin parcouru par la Lune. Elles occupent une large bande de 18° autour de la Terre selon une trajectoire appelée écliptique ou ligne des éclipses. Chaque étoile, semblable à notre Soleil, parfois beaucoup plus importante (Aldébaran, l'étoile la plus brillante du Taureau, a un diamètre 36 fois supérieur à celui du Soleil), nous envoie ses rayons lointains et nous bénéficions d'influences spécifiques selon la constellation et la région du ciel. Voyons quelles peuvent être ces influences.

La précession des équinoxes

Entre le 20 et le 22 mars, selon les années, le Soleil franchit l'équateur céleste au point vernal (début du printemps et degré zéro du premier signe du zodiaque, le Bélier). Ce point très précis ne reste pas immobile par rapport aux constellations. Il recule tous les ans de 50 secondes d'arc sur l'écliptique, soit 1° en 72 ans ou un signe de 30° en 2 160 ans. Il est actuellement dans la constellation des Poissons.

Les quatre éléments

De même que la plante est composée de quatre parties – la racine, la feuille, la fleur et le fruit –, les douze régions zodiacales sont chacune en affinité avec l'un des quatre éléments fondamentaux de l'univers – la terre, l'eau, l'air et le feu –, formant ainsi quatre groupes d'impulsions de même nature régulièrement distribuées tout autour de la Terre. Ces impulsions agissent de façon spécifique sur une partie déterminée de la plante.

Au fur et à mesure de son passage devant chaque constellation, la Lune fait jouer ces différentes forces, les capte, les imprègne des siennes propres et les réfléchit sur la Terre comme elle réfléchit la lumière du Soleil. En travaillant le sol, vous le rendez réceptif et l'ouvrez à l'influence du moment accordée à telle ou telle partie de la plante.

L'élément terre

En affinité avec les constellations du **Taureau**, de la **Vierge,** du **Capricorne**, l'élément **terre** agit sur la partie enterrée de la plante : la racine. Enrichissez et préparez votre sol, réalisez les semis, les éclaircissages, les repiquages, les plantations, les binages se rapportant aux légumes-racines quand la Lune passe devant ces constellations de terre. Elles ont une influence sur l'ail, les carottes, les navets, les oignons, les pommes de terre, les radis. Tous ces légumes seront plus résistants aux parasites, de bonne qualité nutritive, gustative et d'un rendement satisfaisant.

LES CONSTELLATIONS DU ZODIAQUE

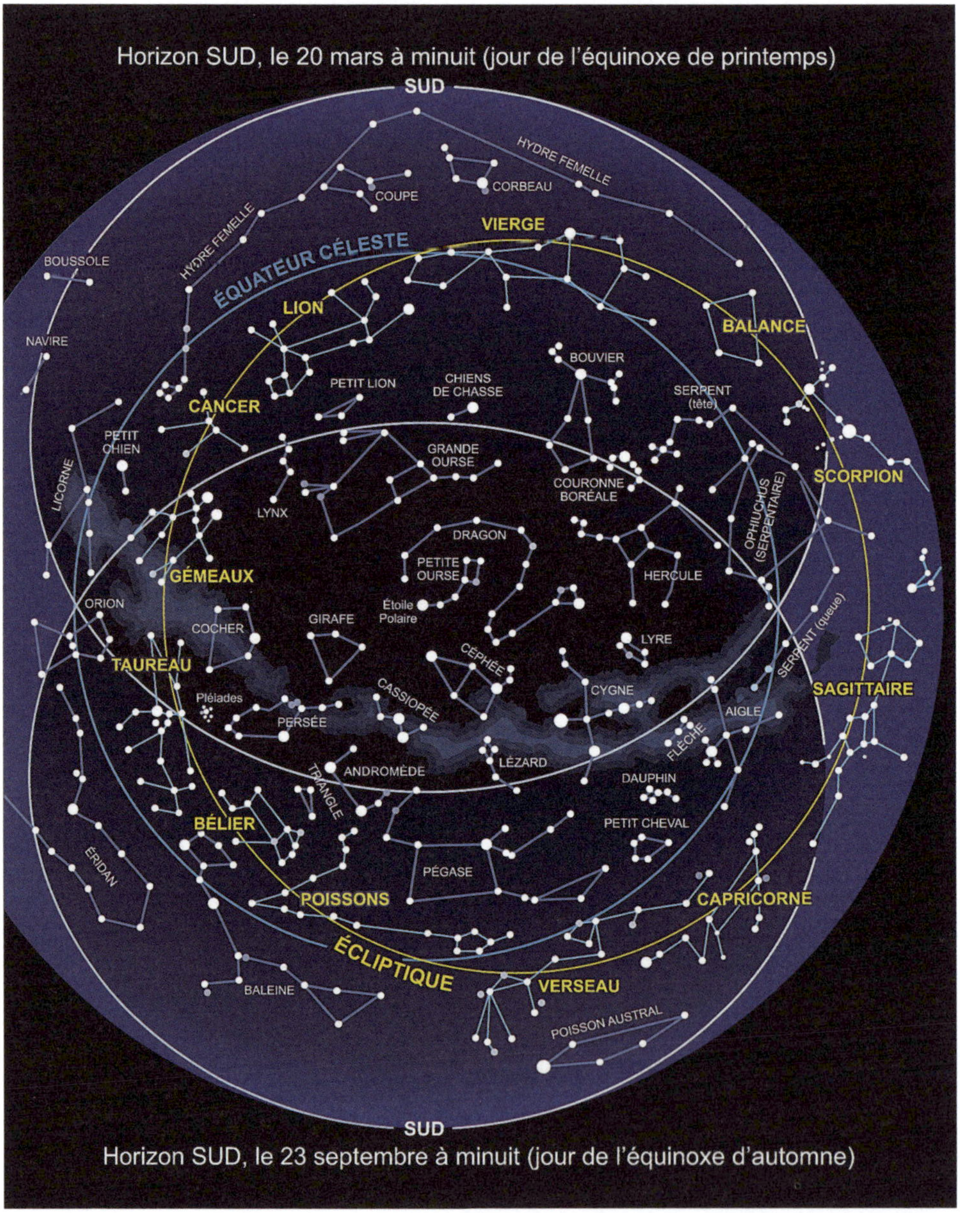

La partie cerclée supérieure représente le ciel le 20 mars à minuit, jour de l'équinoxe de printemps, et la partie inférieure celui du 23 septembre à minuit, jour de l'équinoxe d'automne. Parmi toutes les constellations, suivez celles du zodiaque le long de l'écliptique, chemin éternellement parcouru chaque année par le Soleil et tous les mois par la Lune.

L'élément eau

Animé par le **Cancer,** le **Scorpion** et les **Poissons,** l'élément **eau** joue particulièrement dans les parties les plus aqueuses de la plante : la tige et la feuille.
Vous profiterez des moments de passage de la Lune devant ces constellations d'eau pour soigner vos laitues, épinards, asperges, etc. Vous obtiendrez ainsi de belles et tendres feuilles de salade bien croquantes ou des tiges d'asperges raffinées et goûteuses.

L'élément air

En affinité avec les **Gémeaux,** la **Balance** et le **Verseau,** l'élément **air** s'exprime dans les parfums des fleurs, leur éphémère beauté, leur légèreté. Faites appel à ces constellations pour soigner les fleurs, les artichauts, les choux-fleurs ou les brocolis.

L'élément feu

En accord avec le **Bélier,** le **Lion** et le **Sagittaire,** l'élément **feu** apporte à la plante la chaleur nécessaire à la maturité du fruit, de la graine pour une éventuelle reproduction : abricot, pomme, pois, tomate, haricot.

Cependant, l'observation du ciel vous fera comprendre que certaines constellations sont isolées : les Gémeaux, le Cancer. D'autres se chevauchent presque : le Taureau, le Bélier.

Attention ! **Dans le calendrier, les horaires de passage entre la Lune montante et descendante, ou inversement, et les changements de constellations sont donnés de manière très précise, à la minute près. Lorsque vous jardinez, ne vous précipitez pas dès que l'heure est bonne. Au contraire, prévoyez large, pensez tout d'abord que ces horaires sont donnés pour le méridien de Greenwich, qu'il faut donc les corriger, même en France (voir p. 39). Enfin, prenez plaisir à jardiner, encore plus avec la Lune, alors reposez-vous de temps en temps !**

Des durées variables

Les constellations du zodiaque couvrent des surfaces différentes (voir p.16), ce qui donne des périodes inégales pour jardiner. Ainsi, vous disposerez toujours de plus de temps pour vous occuper des légumes-racines que des fleurs.

Les constellations de terre occupent : Capricorne 28° + Taureau 36° + Vierge 46° = 110° ;
les constellations d'eau : Poissons 38° + Cancer 21° + Scorpion 31° = 90° ;
les constellations de feu : Sagittaire 30° + Bélier 24° + Lion 35° = 89° ;
et **les constellations d'air :** Verseau 25° + Gémeaux 28° + Balance 18° = 71°.

En cas d'infidélité à la Lune

Il n'est pas toujours possible de suivre la Lune en permanence, il peut faire froid, pleuvoir ou votre emploi du temps est trop chargé. Il est alors parfois nécessaire de rattraper le temps en jardinant à des périodes non favorables. Vous pouvez atténuer ces inconvénients en réalisant toutes les autres opérations concernant les plantes en question jusqu'à leur récolte, en périodes lunaires favorables. Essayez surtout de suivre la Lune pour les travaux les plus importants, comme le travail et l'enrichissement du sol, les semis, les plantations, la multiplication des végétaux.

POSITION ACTUELLE DES CONSTELLATIONS DU ZODIAQUE DANS LE CIEL

et signes correspondants de l'astrologie occidentale

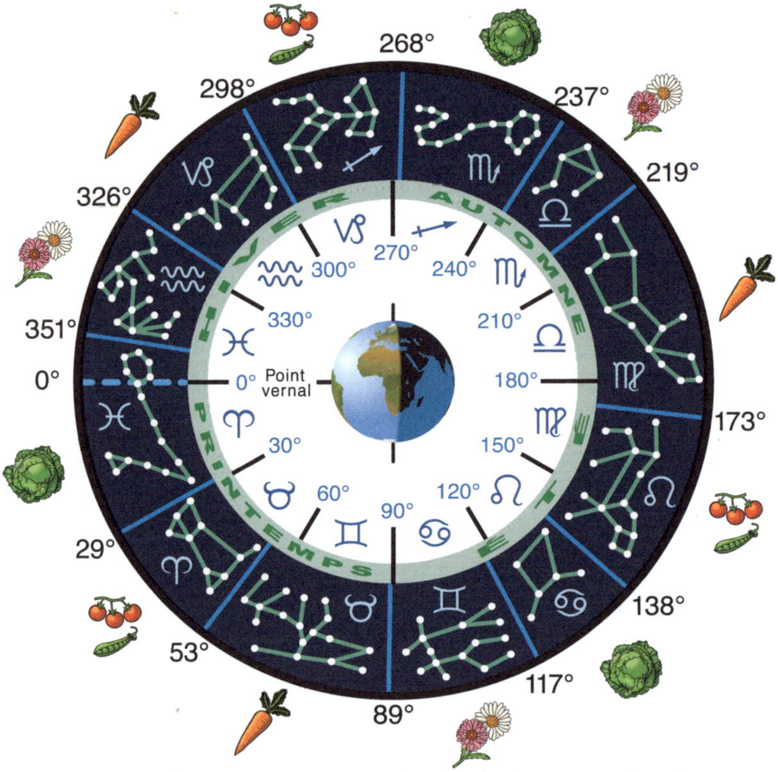

Le cercle intérieur donne les 12 signes du zodiaque, utilisés par les horoscopes. Leur durée est constante, soit 30° pour chacun et ne tient pas compte de leur superficie réelle dans le ciel. Le cercle extérieur figure ces mêmes constellations telles qu'elles peuvent être observées. Leur superficie différente détermine des degrés et des durées variables. Par exemple : la plus petite constellation, celle de la Balance (♎), couvre 237° - 219° = 18°, et non 30° comme tous les signes astrologiques.

Pour jardiner, il est impératif de prendre en compte la durée réelle de chaque constellation, comme le fait notre calendrier.

LÉGENDES

♈ Bélier	♌ Lion	♐ Sagittaire
♉ Taureau	♍ Vierge	♑ Capricorne
♊ Gémeaux	♎ Balance	♒ Verseau
♋ Cancer	♏ Scorpion	♓ Poissons

EXPLICATION DES SYMBOLES

FEUILLES
Constellations d'eau

FLEURS
Constellations d'air

RACINES
Constellations de terre

GRAINES ET FRUITS
Constellations de feu

LES PERTURBATIONS LUNAIRES

À certains moments, la Lune est aussi défavorable. Il faut alors patienter. Ne jardinez pas 5 h avant et 5 h après un nœud lunaire, l'apogée ou le périgée. Attendez encore plus en cas d'éclipse.

Périgée et apogée

La Lune décrit une orbite elliptique dont la Terre occupe un des foyers. À chaque lunaison, elle passe au **périgée**, point du parcours où sa distance est minimale (356 500 km) et sa vitesse la plus grande (15° par jour). Inversement, à l'**apogée**, elle passe au point le plus éloigné (406 700 km) où son rythme est le plus lent (12° par jour). Au périgée, son attraction trop importante donne des plantules étiolées, peu robustes. À l'apogée, elles sont rabougries, tassées, sensibles aux maladies.

De plus, quand la pleine lune ou la nouvelle lune ont lieu au périgée, il y a souvent danger de perturbations au moment de la grande marée, particulièrement à l'équinoxe ou au solstice. Ce fut le cas lors de la tempête des 26, 27, 28 décembre 1999. Autre exemple : le tsunami du 26 décembre 2004 a eu lieu le jour de la pleine lune du solstice d'hiver et l'apogée de la Lune était le lendemain, le 27 décembre.

Vous saurez vous méfier de ces dates : Soleil à l'équinoxe ou au solstice + pleine lune ou nouvelle lune au périgée + coefficient de marée très élevé.

Les nœuds lunaires

Le plan de l'orbite lunaire fait un angle de 5,8° avec le plan de l'écliptique sur lequel se déplace le soleil apparent. La Lune coupe donc ce plan chaque mois en deux points appelés nœuds lunaires, ascendant et descendant. Quand la pleine lune ou la nouvelle lune a lieu au nœud, il y a éclipse de Lune ou de Soleil. Ce sont des moments de perturbation auxquels les végétaux sont particulièrement sensibles. Des semis faits durant ces moments donnent des graines stériles. Vous constaterez que le ciel est souvent blanc, « mou ». Ne jardinez pas 5 h avant et 5 h après. Reposez-vous.

PÉRIGÉE ET APOGÉE

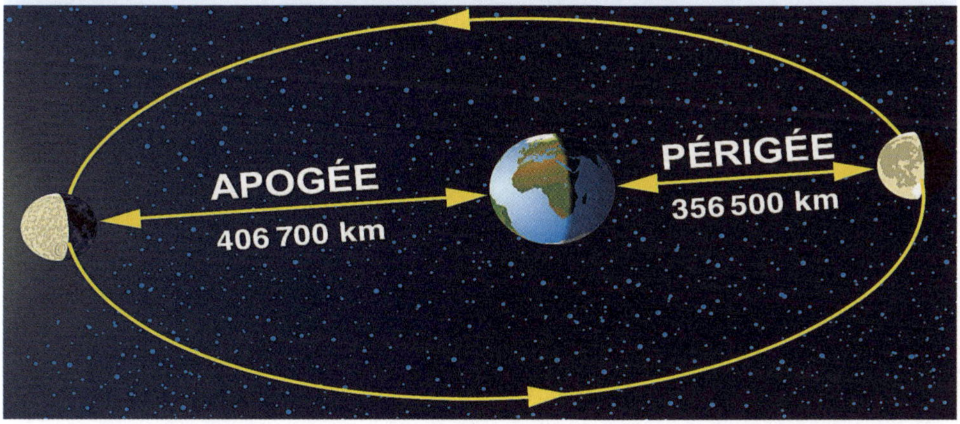

La lune rousse

Si l'influence de la Lune est discutée, celle de la lune rousse, en revanche, a toujours fait l'unanimité. Les textes les plus anciens en témoignent et chacun continue à y prendre garde.

On appelle « lune rousse » la lunaison qui commence en avril et dont la pleine lune a lieu fin avril ou début mai.

Cette année, la lune rousse débute le **20 avril** et se termine le **19 mai**.

En cette période de l'année, le soleil déjà haut reste de plus en plus avec nous (+ 1 h 30 en avril et + 1 h 22 en mai). Quand le ciel est dégagé, le thermomètre indique 19, 20, 24 °C dans la journée : les petites pousses, les fruits en formation se gorgent de chaleur. Mais la terre met très longtemps à se réchauffer. Quand le soleil se couche, le froid se rétablit : la terre n'a pas encore de chaleur à restituer. Progressivement une rosée froide recouvre les végétaux. Elle peut devenir glaciale au lever du jour. Le thermomètre indique alors 4 à 0 °C, voire – 5 °C. Les jeunes espoirs de récolte sont détruits. Les petites pousses prennent une apparence de roussi. Les embryons de fruits deviennent noirs à l'intérieur de l'ovaire. Ne rangez pas vos protections avant la fin de la lune rousse. Elles peuvent toujours être utiles la nuit.

Les éclipses

Si la nouvelle lune a lieu au voisinage d'un nœud (voir p. 17), il y a éclipse de Soleil. Si la pleine lune se produit à un nœud, il y a éclipse de Lune. Les plantes ressentent intensément ces phénomènes. Laissez-les se reposer. Ne jardinez pas ces jours-là.

LES NŒUDS LUNAIRES

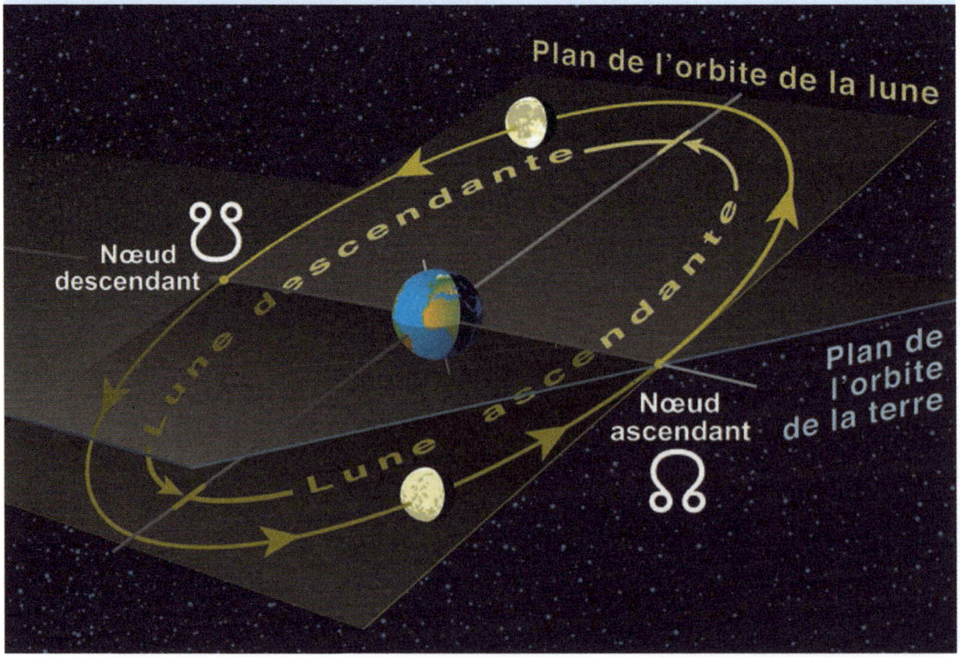

LA LUNE ET LES VÉGÉTAUX

La position de la Lune devant chaque constellation influence plus particulièrement chaque type de plante. Les légumes sont classés en racines, feuilles, fleurs ou fruits selon la partie que nous consommons. Prenons quelques exemples.
La betterave, l'oignon, la pomme de terre sont bien évidemment des racines.
Les salades, le cardon, le chou pommé ou de Bruxelles sont des feuilles. L'artichaut, le brocoli sont des fleurs. Les tomates, les aubergines, les pois sont des fruits, tout comme les céréales et les arbres fruitiers. Pour les plantes d'ornement, les conifères sont des feuilles, les arbustes à fleurs, des fleurs.

RACINE, FEUILLE, FLEUR OU FRUIT ?

Voici une liste non exhaustive des légumes, plantes ornementales ou fruitières que vous adapterez en fonction de celles que vous cultivez.

RACINES	FEUILLES	FLEURS	GRAINES ET FRUITS
Ail	Arbustes d'ornement	Artichaut	Arbres fruitiers
Betterave	Aromatiques	Brocoli	Aubergine
Carotte	Asperge	Chou-fleur	Concombre
Céleri-rave	Cardon	**Arbustes à fleurs**	Cornichon
Cerfeuil tubéreux	Céleri à côtes	– forsythia	Courge
Crosne	Chicorée	– glycine	Courgette
Échalote	Chou de Bruxelles	– lilas	Fève
Endive	Chou pommé	– magnolia	Fraisier
Navet	Cresson	– rosier	Haricot
Oignon	Endive	**Toutes les fleurs**	Lentille
Panais	Épinard	– annuelles	Melon
Poireau	Fenouil doux	– bisannuelles	Pastèque
Pomme de terre	Gazon	– bulbes	Pâtisson
Radis	Laitue	– vivaces	Petit fruit
Raifort	Mâche	....	Piment
Rutabaga	Oseille	....	Pois
Salsifis	Pissenlit	....	Poivron
Scorsonère	Poirée	....	Tomate
Topinambour	Pourpier	....	**Céréales**
....	Rhubarbe	....	Avoine
....	Romaine	....	Blé
....	Roquette	....	Maïs
....	Tétragone		Orge
....	....		Seigle
....	....		....

Remarque : la culture de l'endive, appelée aussi chicon ou chicorée Witloof, se fait en deux temps. Le semis a pour but d'obtenir de belles racines, semez donc les graines en Lune montante, à une date-racines. Arrachez-les également un jour-racines, laissez-les ressuyer quelques jours sur le sol. Le forçage a pour but d'obtenir de belles feuilles, à cuire ou pour les salades. Vous replanterez donc maintenant les racines et récolterez les chicons en dates-feuilles.

LES TRAVAUX DE JARDINAGE SELON LA POSITION DE LA LUNE

<table>
<tr><th>Mouvement de la Lune</th><th>Constellation Nature Étendue</th><th>Type de végétaux concernés</th><th>Travaux à exécuter</th></tr>
<tr><td>Montante</td><td>Sagittaire ♐
Feu</td><td></td><td rowspan="7">En Lune montante :
• semez ;
• récoltez les feuilles (épinards, laitues), les fleurs (artichauts), les fruits (tomates, petits pois, pommes) ;
• prélevez les greffons et greffez.</td></tr>
<tr><td>Montante</td><td>Capricorne ♑
Terre - 28°</td><td>Racines
</td></tr>
<tr><td>Montante</td><td>Verseau ♒
Air - 25°</td><td>Fleurs
</td></tr>
<tr><td>Montante</td><td>Poissons ♓
Eau - 38°</td><td>Feuilles
</td></tr>
<tr><td>Montante</td><td>Bélier ♈
Feu - 24°</td><td>Graines et fruits
</td></tr>
<tr><td>Montante</td><td>Taureau ♉
Terre - 36°</td><td>Racines
</td></tr>
<tr><td>Montante</td><td>Gémeaux ♊
Air</td><td></td></tr>
</table>

Pour profiter des bienfaits de la Lune, vous devez associer une période montante ou descendante selon les travaux à effectuer à une constellation correspondant à la plante. Ainsi, semez vos salades en Lune montante quand la Lune est en Poissons. Plantez un forsythia en Lune descendante quand la Lune passe devant les Gémeaux ou la Balance.

Mouvement de la Lune	Constellation Nature Étendue	Type de végétaux concernés	Travaux à exécuter
Descendante	Gémeaux ♊ Air		**En Lune descendante :** • bouturez ; • enrichissez votre sol ; • éclaircissez les semis ; • repiquez ; • plantez ; • récoltez les légumes-racines (carottes, navets...) ; • taillez, pincez ; • divisez ; • marcottez.
Descendante	Cancer ♋ Eau - 21°	Feuilles 	
Descendante	Lion ♌ Feu - 35°	Graines et fruits 	
Descendante	Vierge ♍ Terre - 46°	Racines 	
Descendante	Balance ♎ Air - 18°	Fleurs 	
Descendante	Scorpion ♏ Eau - 31°	Feuilles 	
Descendante	Sagittaire ♐ Feu		

Depuis quelques années, la déclinaison de la Lune augmente. En 2023, la fin des Gémeaux se trouve en Lune descendante et la Lune montante débute dans la constellation du Sagittaire. En suivant notre calendrier, vos travaux de jardinage s'accordent avec le mouvement de la Lune dans le ciel.

LA PLANTE DANS SON ENVIRONNEMENT

Comment rendre la plante parfaitement sensible et réceptive aux influences de la voûte céleste ? En supprimant les obstacles artificiels que ces forces rencontrent, en veillant à la perméabilité de l'air et surtout en apportant au sol une nourriture facilement assimilable qui permette à la vie cosmique de le pénétrer pour rejaillir dans les feuilles, les fleurs et les parfums de nos jardins.

Rendre le sol réceptif

Pour bien se développer une plante a besoin d'air, de lumière, d'un sol dans lequel elle s'enracine et par lequel elle absorbe l'eau et les nutriments. Ces deux éléments sont d'autant mieux absorbés qu'ils sont présents dans le sol et dynamisés par la Lune. Le jardinier doit donc veiller à renouveler la fertilité du sol avec des engrais qui le respectent tout en agissant aux moments lunaires les plus favorables.

Les forces du cosmos

La plante, seul être vivant fixé au sol, dépend entièrement de son environnement. D'une part, elle élève sa tige vers le ciel captant ainsi la lumière et la chaleur du soleil. D'autre part, elle plonge ses racines dans la terre à la recherche de nourriture, de tout ce dont elle a besoin pour vivre, se structurer, croître, se reproduire : l'eau, les sels minéraux, les forces vivifiantes du cosmos. En effet, la plupart des rayons cosmiques, ceux de la Lune en particulier, n'agissent pas directement sur la plante. Ils sont recueillis par le sol selon son degré de réceptivité et le moment de la lunaison où vous le travaillez, avant d'être absorbés par les racines. D'un sol équilibré, aéré, réceptif dépendent santé et vigueur de nos végétaux. Le jardin est un lieu privilégié où chaque plante est cultivée selon sa nature, pour sa beauté et la qualité de la nourriture qu'elle apporte au jardinier.

L'air et la lumière

La lumière solaire est indispensable au bon développement des plantes, qui pour la plupart en sont extrêmement gourmandes ! Accordez un maximum de soleil à votre jardin, mais n'hésitez pas à planter une haie d'arbustes variés du côté du vent dominant. Elle filtrera l'air ambiant, sera une protection efficace contre les traitements chimiques appliqués aux cultures avoisinantes et abritera les oiseaux qui se nourrissent de pucerons, de chenilles et d'insectes indésirables.

Le sol

Sa composition est toujours particulière. Qu'il soit argileux, sableux, acide ou calcaire, vous devez l'ameublir régulièrement et améliorer sa fertilité en lui apportant des amendements adaptés, des fumures vivifiantes. **Surtout bannissez les engrais chimiques :** outre leurs méfaits dans votre alimentation, ils rendent le sol **imperméable** aux rayons du cosmos, à **l'influence du ciel**. Pour jardiner avec la Lune, il est essentiel de nourrir le sol exclusivement de compost, de fumier à bonne maturité, d'engrais naturels ou verts, de purins de plantes dynamisantes : ortie, consoude, etc. Ne laissez pas votre sol dénudé entre deux cultures. Semez selon la saison trèfle, seigle, vesce, moutarde, etc., qui protégeront vos parcelles des intempéries et les enrichiront de matières organiques.

Améliorer et nourrir le sol

Un jardinier qui utilise les bienfaits de la Lune respecte également son sol et applique les grands principes du jardinage biologique. Il le travaille sans désorganiser le sens de la couche superficielle, l'enrichit avec des matières naturelles qui une fois décomposées seront assimilées par les végétaux sans les doper. Chaque année, il renouvelle sa fertilité dont une partie est utilisée pour produire légumes, fleurs et fruits.

Bien le travailler

Le sol est vivant, il contient des millions de micro-organismes invisibles à l'œil jusqu'aux plus gros « habitants » que sont les vers de terre. En surface se trouvent les micro-organismes aérobies qui ont besoin d'oxygène pour se développer et plus en profondeur les êtres vivants anaérobies. Lors d'un bêchage profond, à la bêche ou au motoculteur, la couche superficielle est inversée avec les micro-organismes qu'elle contient. Ne trouvant plus les conditions favorables à leur vie, ils meurent bien souvent. Or ces minuscules animaux ou bactéries sont les alliés du jardinier tout comme les vers de terre. Ils fragmentent les matières organiques les transformant en humus assimilable par les racines des plantes.

Il est donc indispensable d'adopter des méthodes de travail du sol plus douces en l'aérant sans le retourner. Pour cela, préférez la grelinette, la fourche à bêcher ou la biobêche, des outils utilisés en jardinage biologique. Ils se composent de deux manches parallèles reliés en bas par une barre sur laquelle sont insérées de trois à cinq dents plus ou moins verticales. Il suffit de travailler le sol à reculons, en enfonçant les dents puis de baisser les manches pour effriter et aérer la terre. Recommencez un peu plus loin pour ameublir toute la surface, tout en arrachant les mauvaises herbes à mesure. Pour ameublir le sol en surface et désherber, utilisez vos outils habituels, houe, griffe, serfouette ou binette.

Faire son compost

Recyclez les déchets du jardin ou de la maison. Les déchets secs ou bruns se composent des coupes d'arbustes si possible broyées, des feuilles mortes, les déchets verts et humides proviennent des tontes de gazon, des mauvaises herbes, mais aussi des épluchures de légumes. Ne mettez pas les plantes montées à graines, malades, porteuses de parasites (œufs, larves, adultes) ou épineuses. Évitez systématiquement les coupes de rosiers, les feuilles des fruitiers et les fruits véreux. Entassez les déchets dans un coin du potager ou dans une compostière en alternant les matériaux secs et ceux gorgés d'eau par couches d'environ 20 cm d'épaisseur. Il est préférable que les déchets soient directement en contact avec le sol pour que les vers de terre déjà présents puissent monter dans le tas de compost. Pour accélérer le processus, introduisez des vers de pêche qui vont digérer vos déchets ou du compost déjà mûr qui en contient. Arrosez si besoin et mélangez les couches tous les mois pour accélérer la décomposition. Il est préférable de couvrir le tas pour conserver la chaleur et accélérer le processus de fermentation. Le compost est mûr après une dizaine de mois. Utilisez-le en fin d'hiver en l'incorporant superficiellement au sol du potager, entre les fleurs de vos massifs, dans les trous de plantation des légumes gourmands, des arbres fruitiers, des petits fruits ou lors de vos rempotages de plantes en pots.

Apporter des engrais naturels

De plus en plus présents dans les points de vente, les engrais naturels apportent les mêmes éléments, azote (N), phosphore (P) et potasse (K) que les engrais chimiques, mais avec des matières naturelles. L'azote provient de farine de plumes, de corne, de tourteau de ricin, le phosphore d'arêtes de poisson, de phosphate naturel et la potasse de vinasse de betterave. Ils se décomposent lentement et sont assimilés progressivement. **Les engrais naturels nourrissent le sol en renouvelant sa fertilité puis les plantes en douceur sans provoquer de brûlures.** En revanche, il faut les apporter longtemps à l'avance, soit en automne, soit en fin d'hiver, lors de la préparation du sol. Respectez les dosages précisés sur les emballages. En cours de culture, apportez des engrais plus spécifiques pour les légumes gourmands. Évitez le sang séché et le guano qui ont une action beaucoup plus rapide proche des engrais chimiques « coup de fouet ». Lors de pluies, ils peuvent être lessivés en profondeur avant d'être absorbés par les racines.

Cultiver des engrais verts

Ces plantes sont semées pour améliorer la structure du sol, l'enrichir en matières organiques, le couvrir pour éviter qu'il se tasse sous l'effet des pluies, lutter contre certains parasites ou les mauvaises herbes. Choisissez-les selon la durée de leur culture, leur utilité et la nature de votre sol. Les engrais verts s'intègrent entre la récolte d'un légume et le semis ou la plantation d'un autre au même emplacement s'il y a un écart important, par exemple entre des épinards de printemps et des navets d'automne. Utilisez-les également à partir de la fin de l'été et en automne sur les planches où vous ne cultiverez rien avant le printemps suivant, par exemple entre des tomates et des pois. Ils doivent alors résister au gel. Les engrais verts qui ne sont pas détruits par le gel doivent être coupés en fin de floraison pour qu'ils ne se ressèment pas. Broyez-les et enfouissez-les superficiellement. Ne semez pas un engrais vert de la même famille que celle du légume précédent ou suivant (voir tableau p. 26 sur la rotation des cultures). Voici les engrais verts les plus courants.

Les lupins doux se sèment entre mars et juillet (1 à 2 kg/100 m^2) et s'enfouissent deux mois plus tard. Le lupin blanc préfère un sol frais à lourd, le jaune un sol pauvre et sablonneux.

La moutarde blanche se sème entre mars et août (150 à 200 g/100 m^2), mais ne doit pas précéder ou suivre des choux, navets ou radis. Elle convient à un sol lourd, même calcaire. Sa croissance est rapide, elle lutte contre les nématodes et les mauvaises herbes, mais ne supporte pas le gel.

La phacélie se sème de mars à août (150 à 200 g/100 m^2) et s'enfouit deux mois plus tard. Elle lutte contre les nématodes et ses fleurs font le régal de nombreux butineurs. Elle appartient à une famille différente de tous les autres légumes et peut donc s'intercaler entre eux.

Le sarrasin se sème de mai à août (500 à 600 g/100 m^2), il est détruit par le gel. Utilisez-le en sol acide, même pauvre pour l'ameublir et étouffer les mauvaises herbes.

Le seigle se sème en septembre-octobre (2 kg/100 m^2), parfaitement rustique, il s'incorpore au sol au printemps. Il convient à une terre pauvre, plutôt acide, pour lutter contre les mauvaises herbes. Il peut aussi être associé à la vesce (500 g de seigle et 700 g de vesce pour 100 m^2) dont les vrilles s'accrocheront à ses tiges. Vous enrichirez alors le sol en azote.

Le trèfle blanc se sème d'avril à septembre (50 à 100 g/100 m^2) en sol lourd et frais. Enfouissez-le en automne ou au printemps. Vous pouvez aussi le semer dans les allées que vous tondez.

Pailler le sol

Une autre solution s'offre à vous pour ne pas laisser le sol nu entre les rangs de légumes : étalez-y un paillage. Vous conserverez la fraîcheur entre les pluies ou les arrosages, limiterez la pousse des mauvaises herbes qui s'arrachent bien plus facilement. Vous n'aurez plus besoin de biner ! Certains matériaux permettent aussi d'enrichir ou d'alléger la terre après incorporation. **Attendez que le sol se réchauffe au printemps, généralement courant mai.** Désherbez soigneusement et arrosez par temps sec. Étalez alors le paillage en couche d'environ 5 cm d'épaisseur. Utilisez des tontes de gazon, des paillettes de chanvre ou de lin, des coques de cacao ou de la paille de préférence broyée. Renouvelez la couche régulièrement, notamment pour le gazon qui dure peu, ou à chaque fin de printemps si vous enfouissez le paillage en automne.

Choisir les plantes et leur emplacement

Au fil des années, les anciens jardiniers ont compris que certaines plantes s'entraident et d'autres ne s'apprécient pas. Continuez d'appliquer leurs expériences en plaçant les végétaux par affinité. Vos plantes et légumes seront plus forts, plus résistants aux parasites et aux maladies. Vous traiterez moins voire très peu, il suffit de prendre un peu de temps pour établir chaque année la rotation et les associations. Peu à peu, vous y arriverez plus facilement et serez récompensés par les résultats obtenus. Certains légumes ont besoin d'être pollinisés, semez à côté d'eux des fleurs mellifères.

Attirer les insectes butineurs

Les abeilles (domestiques, solitaires, charpentières), les bourdons et les autres insectes pollinisateurs se font de plus en plus rares et pourtant ils sont si utiles. Semez ou plantez en bordure des allées du potager, entre les rangs de légumes ou sur une planche libre de la bourrache, des cosmos, des œillets d'Inde, de la phacélie ou des soucis. Préférez les variétés à fleurs simples davantage butinées. Prévoyez plus de pieds d'aromatiques que vos besoins et laissez fleurir de la ciboulette, du romarin, de la sarriette, du thym, très appréciés des insectes. En échange, ils visiteront les fleurs de vos légumes-graines et fruits placés à proximité, aubergine, concombre, courge, fraisier, haricot, melon, pois, tomate, etc. Vos récoltes seront donc plus abondantes.

Stimuler la croissance

Sans que l'on sache vraiment comment, certaines plantes semblent favoriser la croissance de leurs voisines. C'est le cas de la bourrache, de la capucine, de l'œillet d'Inde, de la sauge et du tournesol. Ces fleurs sont également utiles pour attirer différents insectes butineurs ou repousser divers parasites. Alors ne vous en privez pas, au contraire, disséminez-les dans votre potager.

Faire tourner les cultures

On appelle rotation la succession des cultures sur une même parcelle du potager. Elle se prévoit selon la durée de culture des plantes et non systématiquement par année civile. Par exemple :

Cette année, divisez votre potager en quatre carrés de même surface. **Dans le carré 1**, semez des pois, des haricots, des fèves qui enrichissent le sol en azote. Après leur récolte, coupez les tiges pour que leurs racines se décomposent en terre. **Dans le carré 2**, mettez des légumes-feuilles, choux, laitues, épinards, etc. **Le carré 3** sera réservé aux racines, pommes de terre, betteraves, navets, etc. **Divisez le carré 4** en deux, n'enrichissez pas la moitié de la surface et cultivez-y les plantes peu exigeantes, les bulbes (ail, échalote, oignon) et certains légumes-feuilles (chou de Bruxelles, mâche) ; dans l'autre moitié, plantez ou semez les légumes gourmands, en apportant du compost, les légumes-fruits (aubergine, concombre, courgette, melon, tomate) et fleurs (brocoli, chou-fleur).

Les années suivantes, faites tourner les légumes dans les carrés. **L'année N + 1**, les légumes-feuilles remplaceront les Fabacées et profiteront de l'azote qu'elles ont laissé ; les légumes-racines succéderont aux feuilles et iront chercher les éléments nutritifs plus profondément ; le carré 3 sera divisé par moitié en légumes peu exigeants et exigeants ; les Fabacées seront cultivées dans le carré 4. **Les années N + 2 et N + 3**, continuez à décaler les cultures dans les carrés, toujours dans le même ordre. **L'année N + 4**, vous cultiverez les mêmes légumes dans les mêmes carrées que l'année N.

Cultivez les plantes qui restent plusieurs saisons en place (aromatiques vivaces, artichaut, asperge, fraisier, petits fruits, rhubarbe, etc.) en bordure du potager, le long des allées, en les plaçant au nord ou à l'ouest, selon leurs besoins en soleil, pour qu'elles ne fassent pas trop d'ombre.

Voici aussi quelques règles à privilégier dans le choix de l'emplacement des cultures pour éviter au maximum les problèmes de carences et de nombreuses maladies :

Respectez le besoin des plantes par rapport à la richesse du sol, certaines sont gourmandes, d'autres moins exigeantes ou sobres ; à sa nature, acide ou au contraire calcaire. **Tenez compte** des voisinages favorables ou défavorables des végétaux (voir tableau p. 27). Enfin, **ne cultivez pas** deux années de suite au même emplacement des plantes de la même famille (voir tableau ci-dessous).

Famille	Aromatiques, céréales, légumes	Engrais verts
Apiacées	Carotte, céleri, cerfeuil, fenouil, panais, persil	
Astéracées	Artichaut, cardon, chicorée, estragon, laitue, salsifis	
Brassicacées	Choux, cresson, navet, radis, raifort, roquette	Colza, moutarde blanche, navette
Chénopodiacées	Betterave, épinard, poirée	
Cucurbitacées	Concombre, courge, melon, pastèque, potiron	
Fabacées	Fève, haricot, lentille, pois	Lupin, luzerne, sainfoin, trèfle, vesce
Hydrophyllacées		Phacélie
Lamiacées	Basilic, crosne, menthe, origan, romarin, sauge, thym	
Liliacées	Ail, asperge, ciboulette, échalote, oignon, poireau	
Poacées	Avoine, blé, maïs, orge, seigle	Avoine, seigle
Polygonacées	Oseille, rhubarbe	Sarrasin
Solanacées	Aubergine, piment, pomme de terre, tomate	

Associer les plantes potagères

Beaucoup de plantes ont une influence les unes sur les autres, certaines s'entraident, d'autres ne s'apprécient pas. S'il est bien connu que les poireaux éloignent la mouche des carottes et les carottes la teigne du poireau et que les laitues adoucissent les radis, découvrez d'autres associations ou plantes à séparer grâce au tableau ci-dessous. Complétez-le par vos propres expériences.

	Ail	Asperge	Aubergine	Betterave	Carotte	Céleri	Chou	Concombre	Courge, courgette	Échalote	Épinard	Fève	Fraisier	Haricot	Laitue	Melon	Navet	Oignon	Poireau	Pois	Poivron	Pomme de terre	Radis	Tomate
Ail		✓		✓	✓							✗	✓	✗	✓				✗	✗		✓		✓
Asperge	✓							✓						✓	✓				✓	✓				✓
Aubergine														✓							✓		✓	
Betterave	✓				✗	✓	✓			✓	✓			✓	✓			✓	✗			✗	✓	✗
Carotte	✓			✗		✓	✓			✓	✓	✓		✓	✓			✓	✓	✓		✗	✓	✓
Céleri				✓	✓		✓	✓				✓		✓	✗				✓	✓		✗	✓	✓
Chou				✓	✓	✓		✓		✗	✓	✓	✗	✓	✓			✗		✓		✓	✗	
Concombre		✓				✓	✓					✓		✓	✓	✗		✓		✓		✗		✗
Courge, courgette												✓		✓	✓	✗		✓				✗	✗	✗
Échalote				✓	✓		✗					✗	✓	✗	✓			✓		✗		✓		✓
Épinard				✓	✓		✓					✓	✓	✓	✓	✓	✓		✓	✓			✓	✓
Fève	✗				✓	✓	✓	✓	✓	✗	✓			✓	✓			✗	✗	✗		✓	✓	
Fraisier	✓						✗			✓	✓			✓	✓			✓	✓					✓
Haricot	✗	✓	✓	✓	✓	✓	✓	✓	✓	✗	✓	✓	✓		✓	✓	✓	✗	✗	✗		✓	✓	
Laitue	✓	✓		✓	✓	✗	✓	✓	✓	✓	✓	✓	✓	✓		✓	✓	✓	✓	✓			✓	
Melon								✗	✗		✓			✓	✓					✓		✗		
Navet											✓			✓	✓			✗		✓				✓
Oignon				✓	✓		✗	✓	✓	✓		✗	✓	✗	✓		✗		✓	✗		✗		✓
Poireau	✗	✓		✗	✓	✓					✓	✗	✓	✗	✓			✓		✗				✓
Pois	✗	✓			✓	✓	✓	✓		✗	✓	✗		✗	✓	✓	✓	✗	✗			✓	✓	✗
Poivron			✓																			✗	✓	✓
Pomme de terre	✓			✗	✗	✗	✓	✗	✗	✓		✓		✓		✗		✗		✓	✗			✗
Radis			✓	✓	✓	✓	✗		✗		✓	✓		✓	✓					✓	✓			✓
Tomate	✓	✓		✗	✓	✓		✗	✗	✓	✓		✓				✓	✓	✓	✗	✓	✗	✓	

✓ : bonne association - ✗ : mauvaise association

Lutter contre les maladies et les parasites

Ne sortez pas votre pulvérisateur dès que des pucerons, des altises ou de l'oïdium apparaissent. Agissez en prévention, en favorisant le développement des insectes auxiliaires, en associant les plantes qui grâce à leurs parfums repoussent de nombreux parasites ou en utilisant des préparations végétales. Employez en dernier des traitements biologiques bien adaptés après avoir identifié le problème.

Favoriser les auxiliaires

Dans un premier temps, apprenez à reconnaître les insectes auxiliaires adultes, mais aussi leurs œufs et larves pour ne pas les éliminer en pensant avoir affaire à des ravageurs. Les chrysopes, les coccinelles et les syrphes sont vos alliés et dévorent de nombreux pucerons. Offrez-leur des fleurs à butiner, des abris naturels ou achetés dans le commerce pour les aider à passer l'hiver sans souffrir du froid, ils seront davantage aptes à intervenir dès les premières attaques printanières. Et surtout, traitez le moins possible. En cas d'attaque de pucerons et en l'absence des premières générations de prédateurs, coupez les parties des plantes les plus atteintes. Les insectes auxiliaires auront le temps de se développer avant les prochaines colonies de pucerons.

Préparer des extraits végétaux

Il s'agit de faire macérer certaines plantes non montées à graines dans de l'eau pendant un temps donné et de les pulvériser pour lutter contre des maladies ou des parasites. Utilisez toujours de l'eau de pluie et des récipients en plastique ou en bois, jamais en métal et de préférence fermés. La conservation de ces préparations étant limitée, préparez-les plusieurs fois au cours de la saison. Deux techniques sont possibles : le purin (ou macération) et la décoction. **Pour les purins** placez les plantes dans de l'eau froide et attendez que les substances solubles se dissolvent. Les purins doivent être filtrés et généralement dilués avant utilisation. Procédez ainsi pour les fougères qui luttent contre les pucerons et les limaces, les orties contre les pucerons et les maladies, le sureau contre les altises, les pucerons, les thrips, les gourmands de tomates, en préventif contre les piérides et la teigne du poireau et en curatif contre les pucerons et les altises. **Pour les décoctions** laissez tremper les plantes pendant une journée, puis faites-les bouillir à feu doux pendant 20 min. Attendez qu'elles refroidissent et filtrez-les. La prêle est bonne contre les maladies, la tanaisie contre les pucerons, les altises, les noctuelles et les piérides.

Recettes

- **Purin d'ortie**
  Laissez macérer 1 kg d'orties fraîches et hachées dans 10 l d'eau de pluie pendant 4 à 5 jours. Filtrez et diluez à 20 % (2 l de purin pour 10 l d'eau) avant de pulvériser.
- **Purin de sureau**
  Coupez 1 kg de feuilles, fleurs, fruits ou jeunes tiges de sureau noir dans 10 l d'eau. Attendez 2 à 3 jours, filtrez et utilisez sans diluer.
- **Décoction de prêle**
  Mettez 200 g de feuilles fraîches coupées dans 10 l d'eau pendant une journée. Faites bouillir pendant 20 minutes, laissez reposer 24 h, filtrez avant de pulvériser la décoction sans la diluer.

Installer des plantes répulsives

Par l'odeur de leur feuillage, de nombreuses plantes repoussent les parasites ou quelques maladies. D'autres végétaux les attirent et évitent les attaques sur les légumes ou les plantes ornementales. Voici, pour une vingtaine de plantes alliées, les parasites ou maladies qu'elles combattent et leurs principales victimes.

Plantes utiles	Contre quoi ?	À installer près de...
Alliacées (ail, ciboulette, échalote, oignon)	cloque mouches	pêcher carotte
Aneth	altises pucerons	chou, navet, radis fève, haricot, laitue, tomate
Basilic	oïdium	concombre, courge
Bourrache	piérides	chou
Capucine	aleurodes mildiou pucerons	aubergine, chou, concombre, tomate tomate chou, concombre, courge, haricot, laitue, poivron, rosier, tomate
Ciboulette	doryphores mouches	pomme de terre carotte
Coriandre	altises doryphores mouches	betterave, chou, navet, radis pomme de terre carotte
Cosmos	piérides	chou
Laitue	altises	chou, navet, radis
Lavande	pucerons	rosier
Menthe	altises piérides	chou, navet, radis chou
Œillet d'Inde	aleurodes altises nématodes piérides pucerons	aubergine, chou, concombre, tomate chou, navet, radis tomate chou concombre, courge, épinard, haricot, poivron
Persil	mouches pucerons	carotte, oignon melon, tomate
Raifort	doryphores rouille	pomme de terre céleri
Romarin	altises mouches piérides pucerons	chou, navet, radis carotte, haricot chou haricot, laitue
Sarriette	altises mouches piérides pucerons	chou, navet, radis haricot chou fève, haricot, laitue
Sauge	altises mouches piérides pucerons	chou, navet, radis carotte chou concombre, courge, laitue
Souci	aleurodes nématodes pucerons	aubergine, chou, concombre, tomate tomate courge, épinard, haricot, laitue, poivron
Tabac d'ornement	aleurodes thrips	aubergine, chou, concombre, tomate glaïeul, pois
Thym	altises limaces piérides	chou, navet, radis courge, épinard, laitue, melon chou
Tomate	altises	chou, navet, radis

PERMACULTURE ET LUNE

En respectant les cycles de vie, en imitant la nature et en partageant les ressources, la permaculture va plus loin que le jardinage biologique. Elle tient bien évidemment compte des influences lunaires. La préservation du sol et son enrichissement sont des notions chères à la permaculture ce qui le rend plus réceptif aux effets lunaires. Les deux modes de jardinage sont intimement liés l'un à l'autre.

L'approche permacole

Le terme permaculture est utilisé dans les années 1970 par deux auteurs australiens, Bill Mollison et David Holmgren, qui s'inspirent de pratiques plus anciennes. C'est la contraction de l'expression anglaise *permanent agriculture*. Ils en donnent la définition suivante : « La permaculture est une démarche de conception éthique visant à construire des habitats humains durables en imitant le fonctionnement de la nature. » Elle s'appuie sur **trois principes** : prendre soin de la terre, prendre soin des hommes et partager équitablement les ressources.

La permaculture au jardin

Cette méthode de culture ne s'intéresse pas seulement au sol, aux plantes, mais aussi à l'emplacement des différents éléments du jardin (potager, verger, tas de compost...), à la biodiversité des végétaux et des animaux, à réduire et réutiliser ses déchets. Tout est pensé pour rendre le travail moins pénible, réduire les allées et venues, optimiser les productions selon le sol, le climat du potager. C'est une approche globale où chaque élément du jardin se trouve à la meilleure place possible. Cela est plus facile à mettre en œuvre lors de la création du jardin, plus difficile ensuite. Opérez peu à peu en déplaçant certains composants. Voici les grands principes de la permaculture.

Le temps de l'observation

Ne vous précipitez pas pour aménager votre jardin. Au contraire, **prenez le temps** de l'étudier au fil des quatre saisons d'une année complète. Notez les températures minimales et maximales, les endroits rapides à se réchauffer, ceux dont la terre reste longtemps gelée. Apprenez à connaître le sol à divers endroits, ceux dont l'eau s'y écoule plus ou moins vite après une forte pluie ou sèche davantage en été. Observez les plantes sauvages, selon leurs besoins elles indiquent un sol acide, calcaire, riche en azote, tassé, etc. Repérez les coins abrités du vent, leurs directions, leurs forces. Localisez les endroits les plus ensoleillés, les plus sombres. Toutes ces informations vous permettront de déterminer au mieux l'emplacement des divers éléments à installer au jardin.

La disposition des éléments

En permaculture, les composants d'un jardin sont disposés en fonction de l'emplacement de la maison, de l'exposition, de la fréquence des interventions qui y sont nécessaires. Ainsi, **le potager ne se cache plus au fond du jardin**, mais se place au soleil, près de la maison, car il requiert des soins journaliers une partie de l'année. Regroupez-y aussi la serre et le tas de compost. Le poulailler sera aussi à proximité. Les massifs d'agrément seront visibles depuis les fenêtres et la terrasse. Les espaces naturels – mare, haie, bosquet, prairie fleurie –, le verger avec quelques ruches, un carré de céréales, se placent à la périphérie.

Le retour à l'essentiel

Apprenez à ne pas vous disperser en de multiples tâches. Le temps est compté, alors **définissez les priorités**, comme produire, expérimenter de nouvelles cultures, de nouvelles méthodes, faites le point des réussites et des échecs pour agir mieux la prochaine fois. La bonne organisation de l'espace vous aidera à économiser le temps de travail. Gérez aussi les activités au fil d'une année. En automne et en hiver, les actions visent plutôt à améliorer la structure de l'espace ; au printemps et en été, semez, plantez, récoltez, transformez et stockez.

En accord avec la nature

Cela commence par accepter la nature de son sol, acide, calcaire, sec ou frais, riche ou pauvre. Il est très long et difficile de le modifier radicalement, mais plus judicieux de choisir les plantes adaptées. La gamme est suffisamment large pour que chacun y trouve son bonheur, tant au potager, au verger qu'au jardin d'ornement. Des plantes (ail, consoude, fougère, ortie, prêle) soignent ou stimulent d'autres plantes. Le bienfait des décoctions et des macérations n'est plus à prouver. Utilisez-les aussi souvent que possible et à bon escient. Les **préparations biodynamiques** (500 et 501) sont efficaces. Un jardin permacole est accueillant pour la petite faune (micro-organismes, vers de terre, abeilles, syrphes, coccinelles...). Mais en début de création, il peut être nécessaire d'introduire des œufs ou des larves de certains de ces auxiliaires. Allez encore un peu plus loin en devançant la nature. Depuis l'interdiction des produits phytosanitaires chimiques le 1er janvier 2019, les méthodes de lutte faisant appel au **biocontrôle** se développent, notamment la vente de prédateurs parasitoïdes. Divers nématodes, souvent présents dans le sol, mais peu nombreux, luttent contre les limaces, les larves d'otiorhynques, de hannetons ou les carpocapses. Il suffit de diluer une poudre dans de l'eau et d'arroser le sol. Dans un premier temps, les nématodes parasitent les ravageurs qui meurent, puis ils se multiplient eux-mêmes et accroissent donc progressivement leur effet.

Le jardin-forêt

Il s'inspire de la nature, plus précisément du milieu forestier pour créer un espace durable et productif. Il est constitué de plusieurs étages de végétation. Dans un grand jardin, plantez à la périphérie, des arbres d'ornement (érable, saule, tilleul). Ils protègent du vent et apportent des matières organiques grâce à la chute de leurs feuilles. Taillez-les en têtard pour qu'ils laissent filtrer la lumière. La deuxième strate (qui sera la première dans un jardin plus petit) se compose d'arbres fruitiers, pommier, poirier, pêcher, abricotier, cerisier, prunier, formés en tige. Installez ensuite des lianes fruitières (actinidia, mûre, vigne), puis des arbustes fruitiers, amélanchier, argousier, sureau, cornouiller mâle, aronia. Continuez par des buissons de petits fruits, cassissiers, groseilliers, framboisiers, caseille. L'étage suivant est celui des plantes aromatiques et des légumes. Enfin, la strate la plus basse est celle des plantes couvre-sol, comme les fraisiers.

Une production rationnelle

Il ne s'agit pas de tout produire pour être en autosuffisance alimentaire, mais de produire raisonnablement les fruits et légumes en fonction de son climat ou à l'aide d'une petite serre. Il est préférable d'employer au mieux l'espace disponible : la hauteur, avec des légumes ramants, des fruitiers palissés sur les murs de la maison ; le moindre emplacement ou ceux habituellement inutilisés, la place entre les rangs des légumes (cultures intercalaires), les bordures ou les talus. Les surplus éventuels seront transformés, partagés ou échangés avec des amis, des voisins, tout comme des conseils et des méthodes de jardinage.

L'utilisation des ressources

En premier profitez des fruits et des légumes produits, des œufs de vos poules et du miel récolté. Accordez une place importante aux légumes perpétuels qui traduisent parfaitement l'esprit de la permaculture (voir encadrés p. 32). Grâce à la mise en place d'éléments naturels (mare, haie, plantes mellifères, arbustes à baies) le jardin est accueillant pour des batraciens, hérissons, insectes, lézards et oiseaux. Ces alliés sont précieux pour féconder fruits et légumes, et lutter contre les nuisibles. Ils vont réguler naturellement les populations d'indésirables sans que vous ayez à vous en occuper ! Préférez plutôt protéger et attirer tous ces auxiliaires.

La maîtrise de ses déchets

Il ne faut pas seulement **recycler** ce qui peut l'être, mais revoir nos habitudes pour **produire moins de déchets**. Issus du pétrole, les contenants en plastique, terrine de semis, godet, pot, peuvent être remplacés par du journal, des rouleaux de papier toilette, d'essuie-tout pour maintenir les mottes. Des cartons peuvent couvrir le sol avant de mettre en culture un coin de pelouse. Les « mauvaises herbes » seront données aux poules, certaines sont même comestibles et peuvent agrémenter vos repas. Les tontes sèches, les coupes d'arbustes broyées serviront de paillage. Les matières organiques se transforment en compost et fertilisent le sol. Ce qui est produit par le jardin et non consommé y retourne pour renouveler la fertilité du sol.

Le choix de la diversité

Plus la gamme de fruits et légumes cultivés est large, plus les besoins nutritionnels sont couverts. Mais l'intérêt de la diversité ne s'arrête pas là. En associant de nombreuses plantes, elles se protègent entre elles. L'odeur des poireaux repousse la

Légumes perpétuels à cultiver

Ail rocambole, artichaut, asperge, chénopode bon-Henri, chou de Daubenton, crambé maritime, oignon (de Catawissa, rocambole), oseille (commune, épinard), poireau, rhubarbe.

Plantes aromatiques vivaces

Cerfeuil musqué, ciboule (de Chine, commune, de Saint-Jacques), ciboulette, estragon, livèche (ou céleri perpétuel), mélisse officinale, menthe, origan, petite pimprenelle, raifort, romarin, roquette vivace, sarriette, sauge officinale, thym (citron, commun, serpolet)

mouche de la carotte, les plantes aromatiques éloignent certains insectes nuisibles. En jardinage biologique et lunaire, ces différentes plantes sont certes associées, mais souvent cultivées en rangs parallèles d'un seul légume. En permaculture, la **butte** étant privilégiée, différentes plantes qui s'entendent et s'entraident sont réparties sur toute la longueur d'un même rang. Dès qu'une plante est récoltée, elle est vite remplacée par une autre.

La culture sur butte

Sa réalisation demande un travail physique important, mais elle dure plusieurs années et l'entretien est ensuite limité. Prévoyez un grand volume de matériaux. Opérez de la fin de l'automne au milieu de l'hiver, la butte aura le temps de se tasser avant d'être plantée. Orientez-la nord-sud, les deux côtés verront le soleil. Sa largeur ne dépassera pas 1,20 m pour travailler au milieu en tendant les bras. Laissez un large espace entre les buttes. Tracez la surface au sol, ôtez les mottes d'herbe. Retirez la terre arable et réservez-la. Posez 20 cm de rondins et de branchage qui s'imbiberont d'eau quand elle sera en excès et la libéreront ensuite peu à peu pour abreuver les légumes. Humidifiez-les. Placez les mottes de gazon, le côté herbe en dessous, puis une couche de feuilles mortes. Remettez la terre et terminez par au moins 10 cm de compost. Donnez une forme arrondie à la butte, le dessus et les deux côtés se cultivent. Vous augmentez donc la surface totale. Ne laissez jamais la terre nue, paillez entre les légumes, sinon la terre se dessèche trop vite. Renforcez sa base et limitez l'érosion en calant des planches ou posez les dernières mottes d'herbe.

La valorisation de la lenteur

Le jardinier permacole doit savoir être patient, mettre en œuvre une **action douce** pour résoudre à moyen terme un problème immédiat. Laissez faire la nature ou encouragez-la en protégeant, en introduisant des auxiliaires. En retour, vous limiterez votre impact sur l'environnement. Tout est question d'équilibre. Il est absurde de vouloir réduire en totalité une attaque de parasite. Il est préférable de contrôler la population et d'accepter quelques dégâts. Plantez plutôt de jeunes arbres fruitiers, même s'ils ne produiront que dans plusieurs années. Ils s'adapteront plus facilement au sol, s'enracineront mieux et supporteront donc mieux de futurs épisodes de sécheresse.

La collecte de l'énergie

Un jardin permacole se doit de réduire ses dépenses énergétiques et même, si possible, d'en produire plus qu'il n'en consomme. La pose de panneaux solaires sur le cabanon du potager peut être une solution. Le raccordement des descentes de gouttière à des collecteurs d'eau assure une partie des arrosages. Préférez l'utilisation d'outils manuels plutôt qu'électriques. Économisez également votre propre énergie par la bonne disposition des éléments du jardin, par l'utilisation d'une brouette. Fatigant, le travail du sol est remplacé par le semis d'engrais verts, le paillage de la surface entre les légumes.

En permaculture et en biodynamie, tout comme en jardinage avec la Lune, ne jardinez pas aux alentours des apogées, périgées et nœuds lunaires.

DESSINEZ VOTRE POTAGER

Reproduisez votre potager ci-dessous. S'il est grand, utilisez la double page. S'il est petit, dessinez à gauche le plan des cultures en mars-avril et, à droite, le plan des cultures en juin-juillet, après les récoltes de printemps.

Placez le nord. Dessinez les éléments fixes, murs, haies, allées, châssis, les plantes pérennes, petits fruits, aromatiques, asperges, artichauts… Si vous n'en possédez pas, prévoyez les emplacements à la périphérie du potager ou le long des allées, attention à l'ombre des plantes hautes. Divisez la surface qui reste en quatre parties de surface identique. Elles seront occupées par les quatre grandes catégories de légumes, racines, feuilles, fleurs, graines et fruits (voir p. 26). Prévoyez la place de vos légumes en hiver, en respectant les règles de la rotation, les associations favorables ou non et en intégrant des fleurs. Dessinez les rangs sur votre plan, vous n'aurez plus qu'à semer ou planter votre potager le moment venu.

Le calendrier 2023

COMMENT UTILISER LE CALENDRIER

Les pages suivantes vous présentent un calendrier établi pour l'hémisphère boréal et le méridien 0° de Greenwich. Ce calendrier tient compte des influences principales du cosmos, décrites dans le chapitre « La Lune et le jardin » (pp. 8-35). Chaque légume et chaque plante, choisis simplement en exemple, varieront selon vos goûts, vos besoins, le climat de votre jardin, sa latitude et son altitude.

Chaque jour, nous vous suggérons un exemple de geste à faire selon la saison, la position du Soleil, mais aussi celle de la Lune, montante ou descendante, devant telle ou telle constellation, favorable aux racines, aux feuilles, aux fleurs ou aux fruits. Il vous appartient de protéger vos cultures du froid ou du soleil selon le climat de votre jardin et le moment de l'année. Les exemples de semis ou de plantation s'accordent à un climat moyen. Tenez compte du vôtre en particulier, en avançant ou en retardant la période donnée. Ainsi s'il gèle, différez les travaux de plantation, de taille, de traitement.

Important

Il n'est pas toujours possible, pour de multiples raisons personnelles ou climatiques, de choisir le meilleur moment pour faire tel semis ou tel repiquage. Tenez compte en premier du mouvement de la Lune : **faites vos semis en lune montante, les plantations et pincements en lune descendante.** Sachez simplement que vous aurez toujours avantage à vous laisser ensuite guider par notre calendrier pour apporter tous vos soins à ces végétaux. Une page blanche chaque quinzaine vous permet de tenir votre journal quotidien. Notez tout ce que vous faites au jardin : quelle variété de carottes, de haricots vous semez, le jour de la levée des laitues, des pois, le début de la cueillette des tomates, des haricots et aussi la floraison des amandiers, du lilas, de l'aubépine, le chant du coucou, la première cigale, etc.

N'hésitez pas à noter également les fêtes et anniversaires à souhaiter. Telle personne aime telle fleur, telle plante ? Remontez le calendrier et décidez de semer ou de planter cette « fleur » au bon moment ou de faire une bouture de la plante souhaitée.

Ce manuel va être votre mémoire. Il vous permettra de faire des progrès qui vous réjouiront. Plus vous prendrez de notes, plus vous aurez de plaisir à les consulter. **N'oubliez pas que les horaires sont donnés en heures légales.** Reportez-vous page 39 pour ajuster l'heure à votre région.

Les tableaux de cultures

Vous pouvez préférer planifier vos travaux de façon différente et dresser une liste des plantes que vous voulez cultiver en établissant votre calendrier personnel de jardinage selon la Lune.
Les tableaux de culture des plantes vous donnent le maximum de possibilités en vous laissant le choix des dates (voir pp. 108-117).

CALCULEZ VOTRE HEURE

Toutes les heures du calendrier sont données en temps universel (T.U.). Vous devez les ajuster selon l'heure d'hiver ou d'été (voir p. 46). Puis, calculez le décalage horaire entre votre lieu de résidence et le méridien de Greenwich grâce à la carte ci-dessous.

En France

Localisez votre résidence sur cette carte. Les corrections d'heures pour vos travaux de jardinage sont indiquées en minutes, en plus ou en moins, sous chaque fuseau, degré par degré.
Le 12 janvier, la Lune traverse la constellation du Lion jusqu'à 12h19, puis entre dans la constellation de la Vierge.

- **Si vous habitez Strasbourg,** vous avez 32min de plus pour planter des fruitiers ou petits fruits : 12h19 + 32 min = 12h51.
- **Si vous habitez Quimper,** vous planterez des échalotes plus tôt : 12h19 – 20 min = 11h59.

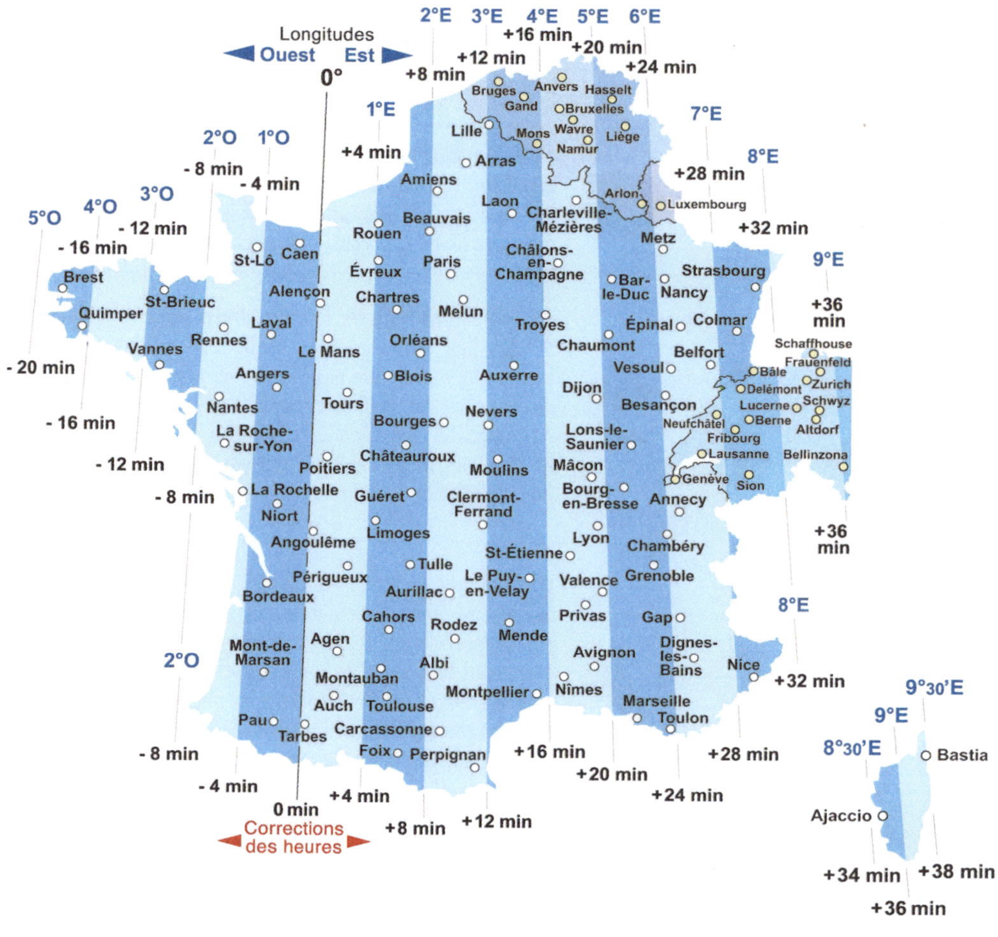

Janvier 2023

Attention, tous les horaires sont donnés en temps universel (T. U.).

Jour	Lune	Événements	Constellation
dimanche 1 (Jour de l'An)	Lune montante	☉ ♐ ; ☊ 15 h 24	♈
lundi 2	Lune montante		♈ jusqu'à 17 h 30, puis ♉
mardi 3	Lune montante		♉
mercredi 4	Lune montante		♉
jeudi 5	Lune montante		♉ jusqu'à 15 h 16, puis ♊
vendredi 6	Lune montante jusqu'à 3 h 10, puis Lune descendante	Pleine lune 23 h 07	♊
samedi 7	Lune descendante		♊ jusqu'à 21 h 21, puis ♋
dimanche 8	Lune descendante	Apogée 9 h 19	♋
lundi 9	Lune descendante		♋ jusqu'à 12 h 36, puis ♌
mardi 10	Lune descendante		♌
mercredi 11	Lune descendante		♌
jeudi 12	Lune descendante		♌ jusqu'à 12 h 19, puis ♍
vendredi 13	Lune descendante		♍
samedi 14	Lune descendante		♍
dimanche 15	Lune descendante	Dernier quartier 2 h 10	♍
lundi 16	Lune descendante	☋ 6 h 32	♍ jusqu'à 2 h 53, puis ♎

Le 1er, ne jardinez pas après 10 h 15.

En régions douces, en place, semez les fèves 'de Séville à longue cosse', 'd'Aguadulce à très longue cosse', en rangs distants de 30 à 40 cm. Posez un grain tous les 10 à 15 cm, à 5 cm de profondeur.

Semez en terrine, ou sous châssis à 15 °C en lignes espacées de 20 cm, des navets 'Jaune boule d'or', 'de Croissy', 'de Milan rouge', 'Norfolk à collet rouge'. Aérez souvent et maintenez le sol frais. En place, semez des oignons blancs à confire 'de Barletta', 'de Vaugirard' ou 'Premier'. Écartez les rangs de 30 cm, espacez les semences. N'éclaircissez pas, vous les récolterez à partir d'avril-mai. Protégez si besoin avec un tunnel ou un châssis.

Installez les arbustes à fleurs vendus à racines nues (althéa, buddléia, deutzia, forsythia, groseillier à fleurs, lilas). Pralinez les racines dans une boue épaisse et étalez-les dans les trous. Placez le collet au ras du sol, bouchez, tassez et arrosez. Préparez les emplacements qui accueilleront les futurs artichauts.

Le 8, ne jardinez pas avant 14 h 25.

Préparez la future aspergeraie. Ouvrez des tranchées de 40 cm de largeur et 25 cm de profondeur, en les espaçant de 80 cm. Vous y placerez les griffes en mars.

Plantez des fruitiers et petits fruits pour vous et les abeilles, à racines nues, en lignes. Installez préalablement une armature pour les framboisiers. Pralinez les racines pour une meilleure reprise. Ajoutez de la corne et du compost à la terre au fond des trous. Réalisez une butte et étalez les racines dessus. Laissez les points de greffe hors du sol, bouchez, tassez et arrosez.

En régions douces et en sol léger, plantez l'ail blanc 'Messidrôme', 'Thermidrôme' ou l'ail violet 'Germidour', sur une parcelle non fumée récemment et n'ayant pas eu de plantes de la famille des Fabacées l'an dernier. Ouvrez des sillons espacés de 20 cm, placez les plus beaux caïeux du tour des têtes, pointe en l'air tous les 10 à 12 cm. Enterrez à peine l'ail. N'arrosez pas. Installez les échalotes longues 'Jermor' et 'Longor' en les espaçant de 15 cm. L'ail et l'échalote se récolteront en juillet.

Le 16, ne jardinez pas avant 11 h 40.

Travaillez les emplacements qui accueilleront les futurs artichauts. Ameublissez la terre sans la retourner avec

Les nœuds lunaires ascendants ou descendants et les périodes de lunes montantes ou descendantes correspondent à des notions différentes. Ainsi peut-on avoir un nœud descendant en période de lune montante et inversement.

Vos observations personnelles

BIOCONTRÔLE

L'érinose de la vigne. Au printemps, de petites cloques ou gales vertes apparaissent sur les feuilles. Elles rougissent ensuite. Un duvet blanchâtre puis rouille est présent en dessous. Il ne s'agit pas d'une maladie, mais d'une réaction aux piqûres d'un acarien. Les symptômes sont surtout visibles d'avril à juillet. Si vous avez eu des attaques importantes l'an passé, pulvérisez dès maintenant, quand il ne gèle pas, une huile de paraffine sur les troncs et les grosses branches. Elle va asphyxier les formes hivernantes de l'acarien. Si l'attaque était plus légère, pulvérisez du soufre en préventif au débourrement, puis dès les premières attaques. Opérez en lune descendante et en jours-fruits.

BIEN-ÊTRE

Médecine traditionnelle. Depuis l'Antiquité, et notamment du vivant d'Hippocrate, les hommes trouvent des correspondances entre les constellations du zodiaque, la santé et les soins à prodiguer. Ainsi, en traversant une constellation précise, la Lune aurait plus d'effet bénéfique sur un organe particulier, à condition de le soigner en douceur. À l'inverse, il faut éviter les opérations durant cette constellation.

Des arbres fruitiers sauvages pour les abeilles

https://www.youtube.com/watch?v=cfETCdgt4Fc

Janvier 2023

Lune		Changement de signe	Signe	Jour
Lune descendante	☋ 6 h 32	2 h 53	♎	lundi **16**
				mardi **17**
		17 h 06	♏	mercredi **18**
				jeudi **19**
	5 h 04 ⊙ ♑	13 h 53	♐	vendredi **20**
Lune montante	● 20 h 53 Périgée 20 h 57			samedi **21**
		16 h 52	♑	dimanche **22**
				lundi **23**
		11 h 22	♒	mardi **24**
				mercredi **25**
		15 h 15	♓	jeudi **26**
				vendredi **27**
	◐ 15 h 18 ☊ 16 h 03	23 h 18	♈	samedi **28**
				dimanche **29**
		23 h 31	♉	lundi **30**
				mardi **31**

Le 16, ne jardinez pas avant 11 h 40.

une fourche-bêche ou une bêche bio. Enrichissez-la avec du compost bien décomposé enfoui superficiellement. Nivelez la surface au râteau.

S'il ne gèle pas, élaguez les arbres caducs en respectant leur silhouette. Mastiquez les grosses plaies. Plantez des laitues sous châssis espacées de 30 à 40 cm. Laissez flotter les collets et protégez des limaces. Coupez les rames de noisetier qui serviront de tuteurs.

Le 21, ne jardinez pas après 15 h 50.

En régions douces, semez les pois à grains ronds nains 'Douce Provence', 'Petit provençal', 'Plein le panier' ou grimpants, 'Caractacus', 'Express à longue cosse', 'Roi des conserves', 'Serpette Guilloteaux'. Espacez les rangs de 30 cm (nains), 40 cm (ramants), et les grains de 3 cm.

En pépinière bien abritée ou sous châssis, semez des poireaux d'été 'Electra', 'Gros long d'été 2', 'Malabare', 'Furor' ou 'Jaune du Poitou' en lignes tous les 15 cm, en dispersant bien les graines. Identifiez les variétés. Vous les récolterez en juin-juillet.

En serre, à 20-22 °C, semez des bégonias semperflorens (sans couvrir les graines), des œillets Chabaud et des pélargoniums. En terrine, au chaud (15 à 18 °C), semez également des choux-fleurs 'Sérac' ou 'Neckarperle'. Couvrez les graines de terre fine. Vous éclaircirez les plants après la levée et les repiquerez début mars.

Sous châssis, semez des laitues pommées 'Appia', 'Gotte jaune d'or', 'Reine de mai', à couper 'Red Salad Bowl' ou batavias 'Reine des glaces', 'Rouge grenobloise'. Enterrez peu les graines. Tassez au râteau et arrosez. Semez au chaud des choux cabus 'Cœur de bœuf', 'Précoce de Louviers', 'Roi des précoces', 'Tête de pierre'. Récoltez la mâche, les épinards et les choux.

Le 28, ne jardinez pas après 10 h 55.

En climat doux, semez les fèves 'de Séville à longue cosse' ou 'd'Aguadulce à très longue cosse', en rangs distants de 30 à 40 cm. Écartez les grains de 10 à 15 cm, à 5 cm de profondeur. Semez en toutes régions, les pois ronds et mangetout, nains ou grimpants.

Semez des oignons de couleur 'Espagnol', 'Jaune des Cévennes', 'Jaune paille des vertus', 'de Brunswick', 'de Lézignan', 'Pâle de Niort', 'Rouge de Florence', 'Soleil d'or', ou 'Spirit', en place, en rangs larges, espacés de 30 à 40 cm, à 1 ou 2 cm de profondeur. Fermez les sillons, tassez avec le dos du râteau et arrosez en pluie fine. Vous

Les nœuds lunaires ascendants ou descendants et les périodes de lunes montantes ou descendantes correspondent à des notions différentes. Ainsi peut-on avoir un nœud descendant en période de lune montante et inversement.

Vos observations personnelles

BIODYNAMIE

Association oignon et salade. Les 18 et 19 (avant 13 h 53) janvier, plantez des salades près des oignons blancs semés du 3 au 5 (avant 15 h 16) janvier. Vous gagnerez de la place et les laitues seront récoltées quand les oignons auront besoin de plus d'espace pour se développer. Ce mariage est bénéfique aux deux légumes, chacun stimule la croissance de l'autre. Installez les laitues entre les rangs d'oignon. En cas de nuits froides, protégez-les avec des cloches ou des cageots retournés. Retirez-les la journée s'il fait bon.

ANIMAUX

Choix du poulailler. Si vous être bricoleur, construisez-le vous-même. Sinon, achetez un modèle à monter, à poser au sol ou sur pilotis. Il devra comporter un enclos grillagé et une partie pleine, munie de perchoirs (1 pour 2 ou 3 poules) et des couveuses (2 pour 3 ou 4 poules). Il doit se fermer hermétiquement la nuit pour éviter les intrusions (fouine, renard), être bien isolé du froid, de la chaleur et se nettoyer facilement. Préférez des matériaux naturels qui s'intègrent mieux.

Semer des salades de printemps
https://www.youtube.com/watch?v=WwcuGesxd4E

Février 2023

Lune	Heure	Signe	Jour
Lune montante		♉	mercredi 1
8 h 16	21 h 13	♊	jeudi 2
Lune descendante		♊	vendredi 3
Apogée 8 h 54	3 h 29	♋	samedi 4
18 h 28	18 h 45	♋	dimanche 5
		♌	lundi 6
		♌	mardi 7
	18 h 20	♌	mercredi 8
		♍	jeudi 9
		♍	vendredi 10
		♍	samedi 11
☋ 7 h 32	9 h 51	♎	dimanche 12
◑ 16 h 00	1 h 10	♎	lundi 13
		♏	mardi 14
	23 h 31	♏	mercredi 15
14 h 33 ⊙ ♒ Lune montante		♐	jeudi 16

les éclaircirez après la levée, en laissant un plant tous les 15-20 cm et les récolterez de juillet à septembre.

Plantez les anémones de Caen et les renoncules. Bouturez les chrysanthèmes, les fuchsias, et les pélargoniums. Mettez en culture les bégonias tubéreux et les cannas. Travaillez les emplacements qui accueilleront les futurs artichauts. Par temps doux, écartez les protections autour des anciens pieds.

Le 4, ne jardinez pas avant 14 h 05.

S'il ne gèle pas, plantez une haie d'arbustes feuillus vendus à racines nues ou en conteneur. Pralinez les racines ou hydratez les mottes. Préparez le sol de la future aspergeraie (voir les 8 et 9 janvier).

Hors période de gel, taillez les fruitiers palissés ou les petites formes libres. Conservez les éléments fertiles les plus proches des charpentières. Taillez les petits fruits, actinidias et vignes. Bouturez les cassissiers et groseilliers. Plantez-les directement en place, tous les 1 m, par groupe de trois rameaux, en laissant dépasser 1 ou 2 yeux. Buttez les rangs des fèves quand elles mesurent 20 cm de hauteur.

Le 12, ne jardinez pas avant 12 h 40.

En toutes régions, en sol ameubli et non fumé récemment, plantez les échalotes 'Mikor', 'Jermor', 'Longor', 'Golden gourmet' ou 'Red Sun' et l'ail rose 'Printanor', 'Flavor', 'Gayant' ou 'Cledor' en conservant les gousses du tour des têtes. Espacez les rangs de 20 à 25 cm, les caïeux de 10 à 15 cm, enterrez à peine les pointes. N'arrosez pas. Récoltez les crosnes, poireaux et salsifis. Sous climat doux, plantez les pommes de terre précoces.

Après les grands froids, ôtez les protections des artichauts et œilletonnez-les, apportez du compost. Plantez les rosiers à racines nues et les grimpantes. Repiquez en terrines les bégonias semés du 23 au 25 janvier. Forcez des glaïeuls.

Plantez sous abri, tous les 30 à 40 cm, les laitues semées du 25 au 27 janvier. Pour une bonne reprise, laissez flotter les collets, tassez autour des mottes et arrosez. Protégez des limaces et aérez. Par temps doux, taillez les bordures de buis à la cisaille.

En terrine, au chaud, semez des tomates. Couvrez peu les graines, tassez et vaporisez d'eau.

Les nœuds lunaires ascendants ou descendants et les périodes de lunes montantes ou descendantes correspondent à des notions différentes. Ainsi peut-on avoir un nœud descendant en période de lune montante et inversement.

Vos observations personnelles

BIODYNAMIE

Ail et pomme de terre. Du 9 au 11 février, installez en même temps et à proximité des caïeux d'ail rose et des tubercules de pommes de terre précoces. Les deux légumes se développeront simultanément et les feuillages se toucheront. L'odeur des feuilles de l'ail est réputée éloigner les doryphores. Surveillez quand même la présence de larves, puis d'adultes et ramassez-les. Voir aussi des moyens de lutte p. 57.

ANIMAUX

Élever des lapins. Faciles à soigner, ils occupent également peu de place et sont parfaits dans un petit jardin. Le clapier occupe seulement quelques mètres carrés au sol. Un carré semé de luzerne limitera la nourriture achetée, tout comme les épluchures de cuisine qu'ils apprécient. Attendez que ces végétaux perdent une partie de leur eau avant de leur donner.

Forcer les glaïeuls pour échelonner la floraison
https://www.youtube.com/watch?v=0LJxB2dpqEw

Février 2023

Lune descendante

14 h 33 ☉ ♒

Lune	Constellation	Jour	
	♐	jeudi **16**	 À 20 °C, en caissette, semez les aubergines 'de Barbentane', 'Baluroi', 'Violette longue', les piments et poivrons 'Doux d'Espagne', 'Doux long des Landes', 'de Cayenne', 'de la Bresse' tous les 2 à 3 cm, couvrez un peu les graines. Tassez, arrosez, posez une vitre. Retournez-la tous les jours pour ôter la condensation.
		vendredi **17**	
	– 3 h 55 –	samedi **18**	 ***Le 19, ne jardinez pas avant 14 h 10.*** Au chaud, en caissette, dans un mélange léger, semez le céleri-rave 'Monarch'. Recouvrez peu les graines, tassez avec une planchette et maintenez humide jusqu'à la levée.
Périgée 9 h 05	♑	dimanche **19**	
● 7 h 05	– 22 h 46 –	lundi **20**	 En pépinière ou sous châssis, semez les choux-fleurs 'Neckarperle', 'Snow Crown', et les brocolis 'Green Magic', 'Romanesco'. Ouvrez des sillons tous les 10 cm, répartissez les graines et couvrez-les. Tassez avec un râteau et arrosez. En terrines, au chaud, semez des impatiens et pétunias sans couvrir les graines.
	♒	mardi **21**	
	– 1 h 54 –	mercredi **22**	 Semez en place, en rangs espacés de 30 cm, les épinards de printemps, du cresson alénois, de la roquette, des pissenlits ; en pépinière, des laitues pommées 'Merveille des quatre saisons', 'du Bon jardinier', des romaines 'Verte maraîchère', des batavias 'Reine des glaces', 'Rouge grenobloise' ou à couper.
	♓	jeudi **23**	
	– 7 h 08 –	vendredi **24**	 ***Le 24, ne jardinez pas après 13 h 50.*** À 20 °C, semez en terrine des physalis. Couvrez peu les graines, tassez avec une planchette et vaporisez d'eau. Posez une vitre, essuyez la condensation tous les jours. Placez à la lumière, sans soleil direct.
☊ 18 h 57	♈	samedi **25**	
	– 7 h 04 –	dimanche **26**	 Sous châssis, semez dans le même rang des radis de tous les mois et des carottes demi-longues. En récoltant les premiers, vous éclaircirez les carottes. En pépinière, semez des poireaux pour l'automne 'Malabare', 'Jaune gros du Poitou', 'Monstrueux d'Elbeuf'. Vous éclaircirez les jeunes plants, tous les 5 cm. Semez en place les graines stratifiées de cerfeuil tubéreux.
◐ 8 h 05	♉	lundi **27**	
		mardi **28**	

Lune montante

Heure d'été et heure d'hiver

Cette année, tous les horaires du livre sont donnés en temps universel (T.U.). Pour obtenir l'heure officielle, ajoutez 2 h en été, du dimanche 26 mars 2023 au samedi 28 octobre 2023 et seulement 1 h en hiver avant ou après ces dates, sauf si le changement d'heure saisonnier est supprimé.

Exemples :

- Le 13 mars, la Lune se profile devant la constellation de la Balance jusqu'à 7 h 06 T.U., soit 7 h 06 + 1 h = 8 h 06 au clocher. Elle arrive alors devant la constellation du Scorpion.
- Le 4 avril, la Lune se profile devant la constellation du Lion jusqu'à 7 h 41 T.U., soit 7 h 41 + 2 h = 9 h 41 au clocher. Elle arrive alors devant la constellation de la Vierge.

Les nœuds lunaires ascendants ou descendants et les périodes de lunes montantes ou descendantes correspondent à des notions différentes. Ainsi peut-on avoir un nœud descendant en période de lune montante et inversement.

Vos observations personnelles

PERMACULTURE

Semis de mesclun. C'est un mélange de graines de légumes dont on consomme les jeunes pousses. Les associations sont multiples : blette, chicorée, cresson, épinard, laitue, mâche, roquette, pour des couleurs, des textures et des saveurs douces ou plus épicées. Des mélanges prêts à l'emploi sont en vente ou réalisez-les à votre goût avec des sachets entamés. Semez en lune montante et jours-feuilles, les 22 et 23 février, en ligne pour faciliter la récolte. Maintenez le sol toujours frais. De croissance rapide, le mesclun permet d'avoir de la verdure dès la fin de l'hiver avant d'autres légumes-feuilles à cycle plus long. Vous couperez les tiges 3 cm au-dessus du sol, ainsi elles repousseront et vous ferez une ou deux autres récoltes.

BIEN-ÊTRE

Soins aux ongles. Redonnez tonus et beauté à vos ongles avec ce baume aux huiles essentielles (HE). Faites fondre 1 cuillerée à soupe de cire d'abeille au bain-marie. Ajoutez 3 gouttes d'HE de citron, 3 cuillerées à soupe d'huile d'amande douce. Tournez pour bien mélanger. Une fois la préparation refroidie, massez-vous les ongles pendant 5 minutes. Elle se conserve dans un pot en verre.

Semer l'impatiens au chaud

https://www.youtube.com/watch?v=LBmdh7nhRDQ

Mars 2023

Lune	Signe	Jour
Lune montante	– 3 h 41 –	mercredi **1**
14 h 05	♊	jeudi **2**
	– 9 h 53 –	vendredi **3**
Apogée 18 h 00	♋	samedi **4**
	– 1 h 11 –	dimanche **5**
	♌	lundi **6**
☺ 12 h 40		mardi **7**
	– 0 h 29 –	mercredi **8**
Lune descendante	♍	jeudi **9**
		vendredi **10**
☋ 8 h 53	– 15 h 30 –	samedi **11**
⊙ ♓	♎	dimanche **12**
	– 7 h 06 –	lundi **13**
	♏	mardi **14**
◑ 2 h 08	– 6 h 28 –	mercredi **15**
21 h 39 / Lune montante	♐	jeudi **16**

Taillez les rosiers remontants. Rabattez les buissons près du sol, réduisez d'un tiers les variétés hautes. Divisez les perce-neige en vert s'ils fleurissent moins. Œilletonnez ou plantez les artichauts. Repiquez en pépinière les choux-fleurs et en pots les pélargoniums, tous les deux semés du 23 au 25 janvier.

Le 3, ne jardinez pas après 12 h 55.

Plantez les asperges sur des buttes. Bouchez la tranchée, couvrez les griffes de 5 cm de terre et arrosez. Installez les arbustes persistants. Repiquez en pépinière les choux cabus semés du 25 au 27 janvier.

Taillez les pêchers en début de floraison et les oliviers. Aérez les ramures et rapprochez la fructification vers le bas des arbres et des charpentières. Pour cela, supprimez les rameaux qui ont porté des fruits l'an dernier. Taillez également les fruitiers à pépins et la vigne. Binez les pois et les fèves semés les 28 et 29 janvier, posez les rames au pied des variétés grimpantes.

Le 11, ne jardinez pas avant 14 h.

En lignes espacées de 80 cm, installez les plants germés de pommes de terre précoces 'Belle de Fontenay', 'BF 15', 'Manon', 'Agata' et 'Amandine'. Placez un plant tous les 35 cm, les germes vers le haut, à 10 cm de profondeur. Vous butterez les rangs quand le feuillage aura 25 cm de hauteur. Plantez l'oignon rocambole, les plants de crosnes, de topinambours et de raiforts conservés de l'an dernier ou achetés. Repiquez pour la première fois en pépinière les céleris-raves semés les 18-19 février.

Repiquez en pépinière les choux-fleurs, les brocolis et éclaircissez tous les 5 cm les impatiens, tous semés les 20-21 février. Taillez les arbustes, clématites à floraison estivale et rosiers remontants.

Blanchissez les pissenlits. Plantez ou divisez des pieds âgés de ciboulette, estragon, oseille et rhubarbe, apportez du compost. Installez les griffes d'asperges sur des buttes, couvrez-les de 5 cm. Éclaircissez les épinards, pissenlits et plantez les laitues, semés les 22 et 23 février.

À 20 °C, en caissette, semez les aubergines 'de Barbentane', 'Baluroi', 'Violette longue', les piments et poivrons 'Doux d'Espagne', 'de Cayenne', 'de la Bresse', couvrez les graines. Tassez, arrosez, posez une vitre. Retournez-la tous les jours pour ôter la buée.

Les nœuds lunaires ascendants ou descendants et les périodes de lunes montantes ou descendantes correspondent à des notions différentes. Ainsi peut-on avoir un nœud descendant en période de lune montante et inversement.

Vos observations personnelles

PERMACULTURE

Prévoir les cultures. Regroupez le paillage au centre de la planche de culture sur toute la longueur. Arrachez les mauvaises herbes à la main ou avec une griffe. Ajoutez-les au paillage si elles ne sont pas montées à graines. Plantez divers légumes des deux côtés en lune descendante, devant les constellations propres à chaque type de légumes. Attendez la lune montante pour réaliser les semis. Recouvrez le sol avec le paillage autour des plants ou en couche fine sur les graines. Au milieu de la planche, vous planterez plus tard en saison des plantes hautes qui apporteront de l'ombre et de la fraîcheur aux légumes plus bas situés sur les côtés. Ajoutez un nouveau paillage si l'ancien est insuffisant.

BIEN-ÊTRE

Médecine traditionnelle. Durant la Lune descendante, la constellation des Gémeaux a une action spécifique sur les voies respiratoires, le système nerveux et les capillaires sanguins. Elle est en relation avec les voies respiratoires, les bronches, les côtes supérieures, les poumons et le thymus, les bras, des mains jusqu'aux épaules.

Planter l'oignon rocambole

https://www.youtube.com/watch?v=RSXyofxuHRo

Mars 2023

Lune montante

Lune	Signe	Jour
	♐	jeudi **16**
	— 12 h 39 — ♑	vendredi **17**
	♑	samedi **18**
Périgée 15 h 12	— 8 h 51 — ♒	dimanche **19**
Équinoxe de printemps 21 h 24	♒	lundi **20**
● 17 h 23	— 12 h 43 — ♓	mardi **21**
	♓	mercredi **22**
	— 16 h 53 — ♈	jeudi **23**
☊ 2 h 07	♈	vendredi **24**
	— 16 h 16 — ♉	samedi **25**
	♉	dimanche **26**
	♉	lundi **27**
21 h 26	— 11 h 22 — ♊	mardi **28**
◐ 2 h 32	♊	mercredi **29**
	— 17 h 05 — ♋	jeudi **30**
Apogée 11 h 17	♋	vendredi **31**

Lune descendante

Greffez les fruitiers en fente et en incrustation avec les greffons prélevés l'hiver dernier. En serre, à 18-20 °C, semez des tomates. Couvrez un peu les graines, tassez et vaporisez d'eau.

En place, semez des carottes 'de Colmar 2', 'de Meaux', 'Nantaise améliorée 2' en rangs espacés de 30 cm, à 2 cm de profondeur. Tassez et arrosez. Semez des radis de tous les mois et en rangs larges, des betteraves 'd'Égypte' ou 'Détroit 3'.

Le 19, ne jardinez pas après 10 h.

Semez en place les annuelles peu frileuses (alysse odorante, bleuet, clarkia, godétia, pied-d'alouette, nigelle de Damas, pavot de Californie ou somnifère). Dispersez les graines, couvrez-les un peu, tassez, arrosez. Devant un support, semez des pois de senteur annuels en poquets.

Semez en pépinière des choux cabus 'Quintal d'Alsace', 'Tête de pierre', 'Tête noire 3', des choux de Bruxelles pour l'automne ; en terrine, à 25 °C, des frisées 'de Meaux', 'Très fine maraîchère', 'Grosse pommant seule' ou scarole 'Grosse bouclée 2', 'Natacha', 'Géante maraîchère' ; en place, de la roquette, du persil, du cerfeuil et des épinards.

Le 24, ne jardinez pas avant 7 h 15.

Semez les pois ronds, ridés, mangetout et les fèves, en lignes distantes de 30 à 40 cm. Vous les binerez un peu après la germination. À 20-25 °C, semez trois graines de melon et de physalis par godet.

En place, en lignes, en distançant bien les graines, semez des radis de tous les mois ronds ou demi-longs. Semez aussi les panais 'Demi-long de Guernesey' en rangs espacés de 30 à 40 cm, et en pépinière, des poireaux 'Malabare', 'de Carentan', 'Electra'. Après la levée, vous éclaircirez les plants de poireaux tous les 5 cm. À récolter tous les deux en automne.

Repiquez en pépinière, les œillets Chabaud et en pot, les bégonias, semés du 23 au 25 janvier ; en terrines, les pétunias semés les 20 et 21 février. Bouturez les pétunias retombants à petites fleurs (ou calibrachoas) hivernés. Plantez, tous les 70 cm, les choux-fleurs semés du 23 au 25 janvier. Enterrez la base des plants, tassez et arrosez.

Le 31, ne jardinez pas avant 16 h 25.

En terre ou en pots, plantez les aromatiques, cerfeuil, persil, romarin, sauge, thym. Plantez les choux cabus semés du 25 au 27 janvier.

Les nœuds lunaires ascendants ou descendants et les périodes de lunes montantes ou descendantes correspondent à des notions différentes. Ainsi peut-on avoir un nœud descendant en période de lune montante et inversement.

Vos observations personnelles

BIOCONTRÔLE

La cicadelle du rhododendron. Les dégâts se repèrent facilement au printemps. Certains boutons ne fleurissent pas, mais restent atrophiés et brunissent. Enlevez-les à la main et jetez-les, mais pas au compost. Ils peuvent contenir des œufs ou des larves. Ces bourgeons ne se sont pas développés, car les femelles adultes, en y pondant l'automne précédent, y ont aussi injecté une salive toxique qui bloque la circulation de la sève. Des lâchers de coccinelles à sept points ou migratrices d'avril à août-septembre peuvent réduire la population de cicadelle. La ponte ayant lieu d'août à début octobre, vous pouvez aussi pulvériser de l'argile blanche à cette période pour désorienter les adultes.

ANIMAUX

Soins aux lapins. Tous les lapins, entretiennent eux-mêmes leur pelage. Ils font leur toilette plus souvent qu'un chat ! Vous aurez seulement à les nourrir, leur donner de l'eau propre tous les jours, à renouveler ou changer leur litière. Surveillez également les principales maladies et parasites (coryza, gale, teigne...).

Bouturer les pétunias retombants
https://www.youtube.com/watch?v=Om8f6mgV8ss

Avril 2023

Lune	Événements	Signe / changement	Jour
Lune descendante		♋ – 8 h 23 –	samedi 1
		♌	dimanche 2 (Rameaux)
			lundi 3
		– 7 h 41 –	mardi 4
		♍	mercredi 5
	○ 4 h 34		jeudi 6
	☋ 13 h 52	– 21 h 42 –	vendredi 7
		♎	samedi 8
		– 12 h 45 –	dimanche 9 (Pâques)
		♏	lundi 10
		– 11 h 54 –	mardi 11
3 h 10 Lune montante		♐	mercredi 12
	◑ 9 h 11	– 18 h 51 –	jeudi 13
		♑	vendredi 14
		– 16 h 21 –	samedi 15
	Périgée 2 h 23	♒	dimanche 16

Tondez et scarifiez la pelouse, apportez de l'engrais.

Plantez des fraisiers remontants en lignes espacées de 30 cm. Placez les collets au niveau du sol. Installez des petits fruits, groseilliers, cassissiers, framboisiers devant une armature pour les palisser et des myrtilliers en sol acide. Apportez du compost, enterrez la base des tiges des arbustes et arrosez. Repiquez en godets les aubergines, piments, poivrons, tomates semés du 15 au 17 février et physalis les 24-25 février. Taillez un vieux pommier.

Le 7, ne jardinez pas après 8 h 45.

Au chaud, mettez en godets les ocas du Pérou. Plantez les pommes de terre de conservation 'Agria', 'Charlotte', 'Cheyenne', 'Ditta', 'Nicola', 'Ratte', 'Sirtema'. À butter quand le feuillage aura 25 cm de hauteur. Installez les poireaux semés les 22 et 23 janvier. Espacez les rangs de 30 cm et les plants de 10 cm. Repiquez pour la 2e fois les céleris-raves semés les 18-19 février. Éclaircissez les betteraves et carottes semées les 17 et 18 mars.

Plantez les vivaces et les arbustes à fleurs. Taillez les arbustes fanés, forsythia, cognassier et corète du Japon. Coupez le bois mort ou âgé, aérez les ramures en ôtant les branches anciennes. Repiquez à nouveau les pélargoniums semés du 23 au 25 janvier.

Repiquez sous abri les chicorées semées du 21 au 23 mars quand les plants ont cinq vraies feuilles. Espacez les plants de 10 cm en tous sens et protégez-les des limaces. Repiquez en pépinière les choux cabus et de Bruxelles, éclaircissez les épinards, semés en même temps.

À 18-20 °C, semez 3 graines de courgette, courge ou pâtisson par godet de tourbe et à 20-25 °C des concombres. Tassez légèrement et arrosez. À la levée, vous conserverez le plus beau plant. Greffez les fruitiers en couronne avec les greffons prélevés l'hiver dernier. Ressemez des pois à grains ridés.

Semez des carottes 'Touchon', 'de Carentan', 'de Meaux', 'Jaune du Doubs', des navets 'de Nancy', 'de Croissy', 'Norfolk à collet rouge' et des oignons 'Espagnol', 'Paille des vertus', 'de Brunswick', 'Red Baron'. Couvrez les graines, tassez et arrosez.

Le 16, ne jardinez pas avant 7 h 30.

En pépinière, en lignes distantes de 10 cm, semez des brocolis sans serrer les graines. Fermez les sillons, tassez et arrosez en pluie fine.

Les nœuds lunaires ascendants ou descendants et les périodes de lunes montantes ou descendantes correspondent à des notions différentes. Ainsi peut-on avoir un nœud descendant en période de lune montante et inversement.

Vos observations personnelles

BIOCONTRÔLE

La moniliose du cerisier. Cette maladie est due à la présence du champignon *Monilia*. Les fleurs se dessèchent et restent accrochées aux rameaux. Ils peuvent sécréter de la gomme et les fruits pourrissent, puis tombent. Ces derniers présentent des coussinets blancs en forme de cercle. Des pluies lors de la floraison, des périodes chaudes et humides en début d'été, favorisent la moniliose. Pulvérisez alors en préventif du *Bacillus subtilis* ou en début d'attaque, une fois par semaine (à renouveler 2 ou 3 fois), du bicarbonate de potassium. Des infusions de sarriette ou de serpolet, diluées à 10 %, une fois par mois d'avril à juillet, sont également efficaces. Coupez les parties atteintes, ramassez les fruits et feuilles au sol.

ANIMAUX

Des fleurs à butiner. Au potager, au verger et dans les massifs, accueillez des fleurs qui fournissent du pollen ou du nectar aux abeilles et autres insectes butineurs. Ils féconderont également vos légumes et arbres fruitiers. Étalez les floraisons du printemps à l'automne. En voici quelques-unes : achillée millefeuille, bourrache, cosmos, lavande, lierre, népéta, phacélie, sedum, solidage, trèfle et les aromatiques.

Tailler un vieux pommier

https://www.youtube.com/watch?v=JJjvcF9K1Gw

Avril 2023

Lune	Événements	Signe	Jour
Lune montante	Périgée 2 h 23	♒	dimanche 16
Lune montante		♒ – 21 h 46 –	lundi 17
Lune montante		♓	mardi 18
Lune montante	☉ ♈	♓	mercredi 19
Lune montante	Lune rousse ● 4 h 12 Éclipse de soleil 4 h 16 ☊ 11 h 30	– 2 h 37 – ♈	jeudi 20
Lune montante		♈	vendredi 21
Lune montante		– 1 h 52 – ♉	samedi 22
Lune montante		♉	dimanche 23
Lune montante		♉ – 19 h 58 –	lundi 24
Lune descendante (5 h 52)		♊	mardi 25
Lune descendante		♊	mercredi 26
Lune descendante	◐ 21 h 19	– 1 h 04 – ♋	jeudi 27
Lune descendante	Apogée 6 h 43	♋ – 16 h 17 –	vendredi 28
Lune descendante		♌	samedi 29
Lune descendante		♌	dimanche 30

Le 16, ne jardinez pas avant 7 h 30.

Au potager ou dans les massifs, semez en place les annuelles peu frileuses (alysse odorante, bleuet, clarkia, immortelle, pied-d'alouette, nigelle de Damas, pavot de Californie et somnifère). Couvrez peu les graines, tassez au râteau et arrosez.

Semez en pépinière (température du sol supérieure à 11 °C), du céleri à côtes 'Tall Utah' ou 'Géant doré amélioré' ; des laitues, pommées, batavias, à couper, qui résistent à la chaleur ; en place, des poirées 'Blonde à carde blanche' ou 'Verte à carde blanche' ; sous tunnel, du fenouil doux, maintenez le sol frais.

Le 20, ne jardinez pas avant 16 h 40.

En régions douces, semez trois graines de melon, de concombre ou de cornichon en poquets peu profonds enrichis de compost mûr. Ailleurs, opérez en pots à une température de 20-22 °C.

Semez des navets 'de Croissy', 'des Vertus marteau', 'Jaune boule d'or'. En place, tous les 20 cm, semez les salsifis et scorsonères. Couvrez peu les graines, tassez et arrosez. À éclaircir quand les plants auront deux feuilles. En place, semez les panais 'Demi-long de Guernesey', en rangs espacés de 30 à 40 cm. Couvrez les graines de 1 cm, tassez et arrosez. En pépinière, semez des poireaux.

En potées et jardinières, plantez les annuelles en régions douces ou abritez-les lors des nuits fraîches ; dans les massifs, les bégonias tubéreux, cannas, dahlias, glaïeuls et vivaces. Installez les choux-fleurs et les brocolis, repiquez en pots les pétunias et les impatiens, tous semés les 20 et 21 février.

Le 28, ne jardinez pas avant 11 h 50.

Plantez les chicorées semées du 21 au 23 mars, tous les 30 à 40 cm en tous sens. À récolter en juin-juillet après blanchiment. Taillez les haies persistantes et les topiaires.

Installez les aubergines, piments, poivrons, semés les 16-17 février, repiquez ces légumes et les tomates, semés du 15 au 17 mars, les physalis semés du 23 au 25 mars. Plantez les physalis semés les 24-25 février, les courgettes, courges, pâtissons et concombres, du 11 au 13 avril, les melons, du 23 au 25 mars. Couvrez si besoin avec des cloches ou un tunnel.

Les nœuds lunaires ascendants ou descendants et les périodes de lunes montantes ou descendantes correspondent à des notions différentes. Ainsi peut-on avoir un nœud descendant en période de lune montante et inversement.

Vos observations personnelles

PERMACULTURE

Planter des concombres. Assez frileux et gourmands, les concombres trouvent de bonnes conditions de culture dans un jardin permacole, notamment en début de saison. Écartez un peu le paillis pour y installer les mottes humidifiées. Arrosez et resserrez un peu le paillage. Celui-ci apportera à la fois de la nourriture et conservera la fraîcheur du sol. Une protection avec un voile d'hivernage maintenu sur des arceaux évite les écarts de températures trop importants entre les journées et les nuits. Opérez en lune descendante et en jours-fruits, les 29 et 30 avril en régions douces, du 26 au 28 mai, ailleurs.

ANIMAUX

À cultiver pour les poules. Pourquoi ne pas cultiver des légumes qui leur sont destinés dans leur enclos ? Semez ou plantez régulièrement des salades. Protégez-les avec un grillage le temps qu'elles grossissent, puis enlevez-le. Les poules se serviront directement en verdure, vous faisant gagner du temps. Installez aussi des rejets de framboisiers, des cassissiers ou groseilliers, les poules sont friandes des fruits.

Créez un massif de fleurs d'été sans entretien

https://www.youtube.com/watch?v=NXk5Q-34rwU

Mai 2023

Lune	Signe	Jour
Lune descendante	♌ – 15 h 55 –	lundi 1 Fête du Travail
	♍	mardi 2
	♍	mercredi 3
☊ 21 h 56	♍	jeudi 4
Éclipse de Lune 17 h 24 ; ☺ 17 h 33	– 5 h 33 – ♎	vendredi 5
	♎ – 19 h 52 –	samedi 6
	♏	dimanche 7
	♏ – 18 h 01 –	lundi 8 Victoire 1945
8 h 57 – Lune montante	♐	mardi 9
	♐	mercredi 10
Périgée 5 h 05	– 0 h 16 – ♑	jeudi 11
◐ 14 h 28	♑ – 21 h 58 –	vendredi 12
	♒	samedi 13
☉ ♉	♒	dimanche 14
	– 4 h 28 – ♓	lundi 15
	♓	mardi 16

Plantez les tomates semées le 16 février. Protégez-les en régions fraîches.

Le 4, ne jardinez pas après 16 h 50.

Plantez les poireaux semés du 26 au 28 février. Laissez-les sécher un jour ou deux. Habillez les feuilles et racines, placez-les tous les 10 cm, à 10 cm de profondeur. Installez les ocas du Pérou mis en godet du 4 au 7 avril. Éclaircissez tous les 20 cm les panais semés du 26 au 28 mars. Plantez les céleris-raves semés les 18-19 février. Ramassez les doryphores sur les pommes de terre.

Le 5, ne jardinez pas après 12 h 15.

Plantez les fleurs semées du 23 au 25 janvier. Éclaircissez les annuelles et repiquez en pépinière les brocolis, tous semés du 15 au 17 avril.

En pot ou au jardin, plantez les aromatiques. Tondez la pelouse. Plantez, en enterrant leur base, les choux cabus et de Bruxelles semés du 21 au 23 mars. Repiquez en pépinière les céleris à côtes semés les 18 et 19 avril.

Semez tous les haricots. Pour les nains, espacez les rangs de 40 à 50 cm, déposez un grain tous les 4-5 cm. Pour les grimpants, piquez les rames et déposez 6 à 8 grains au pied de chacune. Semez les coloquintes pour vos décors d'hiver à la maison, elles couvrent le sol ou grimpent sur de solides tuteurs.

Le 11, ne jardinez pas avant 10 h 10.

Ouvrez des sillons larges et semez des betteraves. Posez un glomérule tous les 5 cm, couvrez de 1 cm de terre, tassez et arrosez. Semez des endives en lignes espacées de 30 cm 'Crenoline', 'Zoom', et des poireaux en pépinière.

En pépinière, semez des choux-fleurs 'Odysseus', 'Sérac', 'Snow Crown' et des brocolis 'Green Magic', 'Verdia'. Dispersez bien les graines dans de petits sillons. Couvrez-les de 2 cm de terre fine, tassez avec le dos du râteau et arrosez en douceur. En place, semez les annuelles qui poussent vite pour combler les vides des massifs.

En poquets distants de 1 m en tous sens, semez des cardons. Enrichissez les trous de compost mûr. Semez en pépinière du céleri à côtes 'Tall Utah', des choux de Bruxelles et des choux de Milan 'Roi de l'hiver 2', 'de Pontoise 2', 'Gros des vertus 4'.

Les nœuds lunaires ascendants ou descendants et les périodes de lunes montantes ou descendantes correspondent à des notions différentes. Ainsi peut-on avoir un nœud descendant en période de lune montante et inversement.

Vos observations personnelles

BIOCONTRÔLE

Contre les doryphores. Les œufs présents sous les feuilles se transforment en larves (photo) qui les dévorent. Les adultes jaunes rayés de noir commettent moins de dégâts. Pour limiter les pontes, pulvérisez de l'argile blanche sur les plants pour gêner les adultes. Semez du lin bleu entre les rangs pour éloigner les doryphores. Favorisez ou introduisez des chrysopes qui mangent les larves. Enfin, des vers microscopiques, appelés nématodes (*Steinernema carpocapsae* et *S. feltiae*) agissent également contre les larves. Ils sont vendus en poudre à diluer dans l'eau et se pulvérisent sur et sous le feuillage en respectant des conditions d'utilisation.

BIEN-ÊTRE

Médecine traditionnelle. Pendant la lune ascendante, devant la constellation du Verseau, occupez-vous de manière douce (activité physique, massage, tisanes...) des jambes, du tibia et du péroné, de la cheville et du tendon d'Achille.

Lutter contre les doryphores
https://www.youtube.com/watch?v=lwWhalrmxfY

Mai 2023

Lune	Événement	Changement de signe	Signe	Jour
Lune montante			♓	mardi 16
Lune montante	☊ 19 h 35	10 h 32	♓ / ♈	mercredi 17
Lune montante			♈	jeudi 18 Ascension
Lune montante	● 15 h 53	10 h 26	♈ / ♉	vendredi 19
Lune montante			♉	samedi 20
Lune montante			♉	dimanche 21
Lune montante / Lune descendante	14 h 06	4 h 27	♉ / ♊	lundi 22
Lune descendante			♊	mardi 23
Lune descendante		9 h 12	♊ / ♋	mercredi 24
Lune descendante			♋	jeudi 25
Lune descendante	Apogée 1 h 38	0 h 20	♋ / ♌	vendredi 26
Lune descendante	◐ 15 h 22		♌	samedi 27
Lune descendante			♌	dimanche 28 Pentecôte
Lune descendante		0 h 31	♌ / ♍	lundi 29
Lune descendante			♍	mardi 30
Lune descendante			♍	mercredi 31

Semez en place diverses salades : chicorées frisées et scaroles, laitues pommées et batavias qui résistent à la montée à graines, à couper, et aussi des poirées, de la roquette, du pourpier, du mesclun.

Le 17, ne jardinez pas après 14 h 30.

En poquets peu profonds et enrichis de compost bien décomposé, renouvelez les semis de courgettes, pâtissons, concombres, cornichons et melons. Placez trois graines dans chaque poquet, couvrez-les de 1 cm, tassez avec le dos du râteau et arrosez en pluie fine.

Semez des carottes 'Chantenay à cœur rouge 2', 'de Colmar 2', 'Flyaway', 'Purple Haze' pour la consommation hivernale et des radis d'été et d'automne 'de Cinq semaines rose', 'April Cross', 'Ovale blanc de Munich'. Les racines de ces radis ne creusent pas avec la chaleur, vous éclaircirez les jeunes plants un peu après la germination, tous les 5 cm.

Divisez les narcisses, tulipes et jacinthes quand leur feuillage est jaune. Conservez les plus beaux, stockez-les au sec ou plantez-les ailleurs. Bouturez les arbustes à fleurs (lavande, lilas, spirée). Installez en pot ou au jardin les pétunias et impatiens semés les 20-21 février, les brocolis semés les 15-16 avril.

Éclaircissez les poirées en conservant un beau pied tous les 40 cm. Plantez les céleris à côtes, tous les 30 à 40 cm, et le fenouil doux, tous les 20 cm, en rangs espacés de 50 cm. Ils ont été semés les 18 et 19 avril.

Le 26, ne jardinez pas avant 6 h 45.

Taillez les tomates, courges, concombres, melons déjà en place. Plantez les aubergines, piments, poivrons, tomates, semés du 15 au 17 mars, physalis semés du 23 au 25 mars, concombres, cornichons, melons semés en godets les 20 et 21 avril. Éclaircissez les pommes et poires. Conservez par bouquet, la plus belle pomme du centre et une poire de la périphérie.

Arrachez les pommes de terre selon vos besoins. Plantez les poireaux semés du 26 au 28 mars. Arrachez-les et laissez-les sécher un jour à même le sol pour éliminer les larves de la teigne. Raccourcissez légèrement les feuilles et les racines à 1 cm de leur base. Alternez les rangs avec des carottes. Éclaircissez les semis réalisés les 11 et 12 mai : les betteraves tous les 10 à 12 cm, les endives tous les 8 à 10 cm. Paillez les planches du potager. Éclaircissez les panais semés du 22 au 24 avril.

Les nœuds lunaires ascendants ou descendants et les périodes de lunes montantes ou descendantes correspondent à des notions différentes. Ainsi peut-on avoir un nœud descendant en période de lune montante et inversement.

Vos observations personnelles

BIOCONTRÔLE

La mineuse du marronnier. Les chenilles d'un papillon creusent des galeries entre les nervures des feuilles (photo). La chlorophylle disparaît, puis, quand l'attaque est importante, les feuilles brunissent sur l'ensemble de la ramure en été. Elles finissent par tomber. La lutte consiste à poser des pièges à phéromone attirant les papillons mâles qui ne pourront féconder les femelles. Les pontes seront donc réduites. Renouvelez-les jusqu'en septembre. En automne, ramassez les feuilles tombées pour limiter l'importance du nouveau cycle de reproduction. Ne les compostez pas, les nymphes y hivernent. Apportez en surface, à la périphérie des branches, du compost pour nourrir l'arbre.

ANIMAUX

Choisir un lapin. Toutes les races n'ont pas la même qualité de chair, ni une masse corporelle élevée. Préférez les races basses sur pattes, au corps massif, musclé (dos, arrière-train). La vitesse de croissance et la taille varient et influent sur la quantité d'aliments à donner. Enfin, les races sont plus ou moins sociables et rustiques.

Pailler son potager
https://www.youtube.com/watch?v=8m29qdtZOsY

Juin 2023

Lune	Signe	Jour
Lune descendante ☋ 6 h 22	♍	jeudi **1**
	— 14 h 49 —	
	♎	vendredi **2**
	— 4 h 52 —	samedi **3**
🌕 3 h 41	♏	dimanche **4**
	— 2 h 07 —	lundi **5**
16 h 21		
Lune montante	♐	mardi **6**
Périgée 23 h 06		
	— 6 h 57 —	mercredi **7**
	♑	jeudi **8**
	— 3 h 44 —	vendredi **9**
◑ 19 h 31	♒	samedi **10**
	— 9 h 58 —	dimanche **11**
	♓	lundi **12**
	— 16 h 27 —	mardi **13**
☊ 0 h 04	♈	mercredi **14**
	— 17 h 18 —	jeudi **15**
	♉	vendredi **16**

Le 1er, ne jardinez pas avant 11 h 30.

Repiquez en pépinière tous les 10 à 15 cm les choux-fleurs et brocolis semés les 13 et 14 mai. Tassez le sol près des tiges et arrosez. Sevrez et plantez les marcottes de rosiers effectuées en octobre dernier.

Éclaircissez les salades et les cardons, repiquez en pépinière les céleris à côtes, choux de Bruxelles et de Milan, tous semés du 15 au 17 mai. Selon vos besoins, blanchissez des chicorées frisées ou scaroles.

Le 6, ne jardinez pas après 18 h.

Semez les haricots nains ou grimpants 'Phénomène', 'Soissons gros blanc', 'Argus', 'Morgane', 'Fruidor', 'Contender' et en fin de rangs des capucines pour attirer les pucerons. En poquets, tous les 50 cm, semez quatre à cinq graines de maïs doux. Récoltez les fraises et framboises.

Semez des radis d'hiver 'Rose de Chine', 'Violet de Gournay', 'Noir gros rond d'hiver', 'Noir long poids d'horloge' et des rutabagas 'Champion', 'Oestgoeta', en lignes espacées de 30 à 40 cm. À éclaircir après leur levée, les radis à 10-15 cm, les rutabagas à 30 cm.

Par beau temps, cueillez le tilleul s'il est en pleine floraison et les fleurs (camomille, mauve) pour vos tisanes. Faites-les sécher à plat dans des cageots ou liez les tiges en botte et suspendez-les dans un local sombre et aéré. Semez en pépinière des bisannuelles (myosotis, pensée, viola, pâquerette), et des vivaces (ancolie, lin).

En milieu de journée, par beau temps, avant leur floraison, coupez les aromatiques, estragon, marjolaine, origan, romarin, sarriette, sauge, thym. Faites-les sécher dans un endroit aéré, chaud, sec et à l'abri de la lumière. Semez en place, en rangs espacés de 30 cm, les chicorées, sauvages et italiennes, des laitues qui supportent la chaleur.

Le 14, ne jardinez pas avant 5 h 10.

En poquets enrichis de compost bien décomposé, semez dans chacun trois graines de concombre, cornichon ou courgette. Couvrez-les de 1 cm, tassez avec le dos du râteau et arrosez en pluie fine.

Ouvrez un sillon large et peu profond et posez sans les serrer des glomérules de betteraves 'd'Égypte', 'Détroit 3' ou 'Chioggia'. Couvrez, tassez et arrosez en pluie fine.

Les nœuds lunaires ascendants ou descendants et les périodes de lunes montantes ou descendantes correspondent à des notions différentes. Ainsi peut-on avoir un nœud descendant en période de lune montante et inversement.

Vos observations personnelles

PERMACULTURE

Gérer les arrosages. L'eau est précieuse et ne doit pas être gaspillée, ni être apportée en trop grandes quantités, mais selon les besoins des plantes. Ils varient selon les végétaux, les saisons, mais aussi du stade végétatif entre le semis et la récolte. Un apport trop important à des tomates mûres fait éclater les épidermes. À l'inverse, ces hortensias aux fleurs et feuilles inclinées vers le bas en manquent. Arrosez-les copieusement le soir, au niveau du sol. Ils auront bonne mine le lendemain matin. Dorénavant, guettez-les et agissez avant ou dès les premiers signes de faiblesse. Ne faites pas souffrir les plantules après un semis ni les jeunes plants repiqués ou plantés, ils pourraient ne pas s'en remettre. Le paillage permet d'espacer les apports.

ANIMAUX

Plantes toxiques. Elles ne doivent pas être présentes sur le parcours des poules, ni apportées dans leur alimentation. Il s'agit de plantes sauvages ou cultivées. Voici les plus courantes : ail, berce, bouton d'or, buis, céleri, ciguë, clématite sauvage, digitale, genévrier, glycine (graines), gui, hortensia, houx, if, iris, jacinthe, jonquille, laurier-palme et rose, lierre, lis, muguet, rhododendron, rhubarbe et toutes les Solanacées. Normalement, elles ne les consomment pas, mais prudence.

Sevrer et planter les marcottes de rosiers

https://www.youtube.com/watch?v=fQUrlxCLcgc

Juin 2023

Lune montante

Lune	Constellation	Jour
	♉	vendredi **16**
	♉	samedi **17**
● 4 h 37	– 11 h 57 –	dimanche **18**
21 h 05 — *Lune descendante*	♊	lundi **19**
	– 16 h 45 –	mardi **20**
Solstice d'été 14 h 57 ☉ ♊	♋	mercredi **21**
Apogée 18 h 30	– 7 h 53 –	jeudi **22**
	♌	vendredi **23**
	♌	samedi **24**
	– 8 h 35 –	dimanche **25**
◐ 7 h 49	♍	lundi **26**
	♍	mardi **27**
☋ 12 h 23		mercredi **28**
	– 0 h 22 –	jeudi **29**
	♎	vendredi **30**
	– 14 h 50 – ♏	

En rangs espacés de 30 cm, semez des endives. Couvrez les graines de 1 cm de terre fine, tassez et arrosez. Semez en rangs larges des carottes 'de Chantenay à cœur rouge 2', 'de Colmar 2', 'Maestro', 'Flyaway'. Couvrez, tassez et arrosez.

Taillez les arbustes à fleurs défleuris. Bouturez les kolkwitzias et pérovskias. Marcottez les bambous traçants, glycines, bignones et rhododendrons. Plantez les brocolis semés les 13 et 14 mai, tous les 60 cm en tous sens. Enterrez la base des tiges, tassez et arrosez copieusement.

En rangs, tous les 30 à 40 cm, installez les céleris à côtes semés les 15-16 mai. Arrosez copieusement. Éclaircissez les poirées semées les 16 et 17 mai. Débroussaillez les endroits incultes.

Le 22, ne jardinez pas après 13 h 25.

Taillez en vert les formes palissées des pommiers, des poiriers et la vigne. Réduisez les rameaux trop longs ou sans fruits. Taillez aussi les gourmands des tomates, les tiges stériles ou trop longues des courges et des potirons ; les pousses des concombres, des aubergines et des piments pour accélérer la formation des fruits.

Le 28, ne jardinez pas entre 7 h 15 et 17 h 30.

Plantez les poireaux semés du 22 au 24 avril. Éclaircissez les radis d'hiver semés les 7 et 8 juin. Selon vos besoins, récoltez des pommes de terre et des oignons blancs. Si leur feuillage est jaune, déterrez l'ail, les oignons de couleur et les échalotes. Laissez-les se ressuyer sur le sol une journée. Pour que l'ail reste blanc, protégez les caïeux d'un rang avec les fanes d'un autre. Rentrez-les dans un local aéré dans des cageots ou tressez des bottes.

Plantez les choux-fleurs semés les 13 et 14 mai à 60-70 cm en tous sens. Prélevez les pieds en pépinière avec une motte. Enterrez-les jusqu'aux premières feuilles. Tassez autour des tiges et arrosez.

Éclaircissez les salades semées du 11 au 13 juin.

Les nœuds lunaires ascendants ou descendants et les périodes de lunes montantes ou descendantes correspondent à des notions différentes. Ainsi peut-on avoir un nœud descendant en période de lune montante et inversement.

Vos observations personnelles

BIOCONTRÔLE

Le puceron noir de la fève. Agglutinés en colonies, essentiellement aux extrémités des tiges, plus tendres, ces pucerons piquent les tissus pour en sucer la sève. Les plantes sont affaiblies. Lorsque les 6 à 7 premières gousses sont formées, étêtez les tiges avec ou sans pucerons pour limiter les attaques ou éliminer les ravageurs. Favorisez ou introduisez des coccinelles à sept points ou migratrices en présence de pucerons. Les larves de chrysopes sont également efficaces. Pulvérisez plusieurs fois du purin de fougère aigle, de sureau noir, dilué à 10 % ou encore du savon noir dilué dans de l'eau.

BIEN-ÊTRE

Contre les jambes lourdes. Pratiquez un massage pour activer la circulation en cas de mauvais retour veineux. Tous les jours, depuis les pieds, massez en remontant les mains du côté intérieur des jambes et redescendez par l'extérieur. Vous pouvez vous enduire le bout des doigts d'une huile végétale pure, de préférence biologique, ou associée à quelques gouttes d'huile essentielle de menthe poivrée, de cyprès (au maximum 10 % du liquide).

Marcotter un bambou traçant

https://www.youtube.com/watch?v=NXIRUwXztvY

Juillet 2023

Lune	Signe	Jour	Conseils
Lune descendante	♏	samedi **1**	 **P**lantez les choux de Bruxelles et de Milan semés les 15 et 16 mai. Espacez les pieds de 50 à 60 cm en tous sens en enterrant les tiges jusqu'aux premières feuilles pour renforcer leur enracinement.
	– 12 h 00 –	dimanche **2**	
1 h 27 ; 🌕 11 h 38	♐	lundi **3**	 **G**reffez en écusson les pommiers et poiriers. Prélevez les greffons et placez-les dans une incision en forme de T. Ligaturez et protégez des oiseaux. En poquets enrichis de compost, semez des courgettes 'Verte de Milan' ou 'Diamant', à 1 cm de profondeur. À la levée, vous conserverez le plus beau plant.
Périgée 22 h 25	– 15 h 51 –	mardi **4**	
Lune montante	♑	mercredi **5**	 ***Le 4, ne jardinez pas après 17 h 20.*** **S**emez des navets 'Jaune boule d'or', 'Norfolk à collet rouge', 'de Nancy', 'Blanc dur d'hiver' et des carottes pour l'hiver. Distancez les rangs de 20 cm, tassez avec le dos du râteau et arrosez.
	– 11 h 21 –	jeudi **6**	
	♒	vendredi **7**	 **E**n pépinière, en rangs, semez les bisannuelles (pensée, viola, pâquerette) et les vivaces. Opérez directement en place pour les lupins, en poquets de trois à cinq graines, car ils n'aiment pas les transplantations. Vous conserverez le plus beau plant après la germination. Cueillez, équeutez et faites sécher le tilleul à l'ombre.
	– 16 h 11 –	samedi **8**	
🌗 1 h 47	♓	dimanche **9**	 **S**emez la mâche 'à Grosse graine', en lignes distantes de 20 à 30 cm. À récolter avant les grands froids. Semez du pourpier 'Doré à larges feuilles', en lignes espacées de 20 cm ; pour l'automne, du chou de Chine, des chicorées frisées 'de Ruffec', 'Wallonne' et scaroles 'Géante maraîchère', en rangs distants de 30 cm.
☊ 1 h 22	– 22 h 01 –	lundi **10**	
	♈	mardi **11**	 ***Le 11, ne jardinez pas avant 6 h 30.*** **À** bonne exposition, semez des haricots nains, filets ou mangetout. Espacez les rangs de 40 à 50 cm et les grains de 4 à 5 cm. Bouchez, tassez avec le dos du râteau et arrosez en pluie fine. Récoltez les groseilles, fruits et légumes-fruits de saison, transformez le surplus.
	– 22 h 58 –	mercredi **12**	
	♉	jeudi **13**	 **S**emez des radis d'automne, des navets et carottes. Maintenez le sol frais jusqu'à la levée. Semez des radis d'hiver 'Rose de Chine', 'Noir gros long d'hiver', 'Noir long poids d'horloge', 'Violet de Gournay'. Espacez les rangs de 20 à 30 cm. Fermez les sillons, tassez et arrosez. Après la levée, vous conserverez un pied tous les 10 à 15 cm. Semez aussi des rutabagas 'Champion' ou 'Wilhelmsburger'.
		vendredi **14** Fête nationale	
	– 18 h 13 –	samedi **15**	 **B**outurez le laurier-rose dans l'eau, installez-le en pot quand les racines mesurent 3 à 4 cm de longueur, le lilas des Indes directement en pot ou sous châssis dans un mélange léger.
2 h 37 ; *Lune descendante*	♊	dimanche **16**	

Les nœuds lunaires ascendants ou descendants et les périodes de lunes montantes ou descendantes correspondent à des notions différentes. Ainsi peut-on avoir un nœud descendant en période de lune montante et inversement.

Vos observations personnelles

PERMACULTURE

Plantes sauvages comestibles. Profitez des plantes sauvages qui germent dans les planches du potager ou les massifs de fleurs. Seul impératif, bien savoir les reconnaître, car toutes ne sont pas bonnes à déguster, certaines sont même toxiques. Le pourpier (photo) pousse bien en sol drainé, au soleil et apprécie la chaleur. Coupez quelques tiges, lavez-les et détachez ses feuilles. Utilisez-les crues dans les salades ou les crudités. Cuites avec des pommes de terre, elles deviennent un délicieux potage. N'en abusez pas, le pourpier favorise la coagulation du sang. Selon les saisons, dégustez du mouron blanc, du plantain, de l'ail des ours, du chénopode blanc ou bon-Henri, des pissenlits…

ANIMAUX

Aération du poulailler. L'air vicié de gaz carbonique, de chaleur et d'humidité dégagés par les volailles doit s'évacuer du poulailler. Prévoyez deux ouvertures opposées à au moins 1,50 m du sol. Plus basses, les poules subiraient un courant d'air néfaste. En entrant dans l'abri le matin, vous ne devez sentir ni des odeurs ni de l'humidité. Si c'est le cas, ouvrez des trous d'aération supplémentaires.

Cultiver des groseilliers

https://www.youtube.com/watch?v=LoGZv15jvxY

Juillet 2023

Lune	Signe	Jour
2 h 37	♊	dimanche **16**
● 18 h 31	♊	lundi **17**
	– 23 h 21 – ♋	mardi **18**
	♋	mercredi **19**
Apogée 6 h 56	– 14 h 35 – ♌	jeudi **20**
☉ ♋	♌	vendredi **21**
	♌	samedi **22**
	– 15 h 36 – ♍	dimanche **23**
	♍	lundi **24**
☋ 15 h 05 ◐ 22 h 06	♍	mardi **25**
	– 8 h 55 – ♎	mercredi **26**
	♎	jeudi **27**
	– 0 h 20 – ♏	vendredi **28**
	♏	samedi **29**
11 h 14	– 22 h 20 – ♐	dimanche **30**
	♐	lundi **31**

Lune descendante (2 h 37 – 11 h 14) — *Lune montante*

Repiquez en pépinière les bisannuelles et les vivaces semées les 9 et 10 juin. Installez-les tous les 10 cm en tous sens, tassez et arrosez. Protégez des limaces, continuez les apports d'eau par temps sec. Taillez ou rajeunissez les rosiers pleureurs.

Selon vos besoins, blanchissez les chicorées frisées et scaroles. Couvrez-les d'une cloche opaque et récoltez-les 10 à 12 jours plus tard. Elles seront plus tendres, avec des cœurs jaunâtres.

Le 20, ne jardinez pas avant 12 h 05.

Taillez en vert les pommiers et poiriers palissés trop vigoureux. Supprimez les rameaux à bois situés après un bouton à fleurs, conservez un seul rameau à bois après un dard. Coupez les gourmands des tomates, les pousses trop longues ou stériles des courges et potirons. Préparez et enrichissez en compost mûr un emplacement pour des fraisiers à planter du 16 au 18 août.

Le 25, ne jardinez pas après 10 h.

Pour les semis d'oignons du 9 au 11 août, préparez une parcelle non fumée récemment et n'ayant pas eu de Fabacées cette année. Plantez les poireaux semés les 11-12 mai. Arrachez l'ail, les échalotes et les oignons de couleur quand les fanes sont jaunes, laissez-les se ressuyer un jour au soleil et rentrez-les dans un local sec et aéré. Déterrez les pommes de terre de conservation. Vous les stockerez hors gel et à l'abri de la lumière. Éclaircissez les navets et les carottes semés du 4 au 6 juillet, les betteraves semées les 15 et 16 juin.

Plantez ou divisez des pieds anciens d'iris et d'hémérocalles. Conservez seulement les éclats du pourtour. Replantez-les à un nouvel emplacement au soleil. Installez les bulbes qui fleurissent en automne, crocus, safran, cyclamen, colchique et sternbergia.

Éclaircissez les chicorées, les choux de Chine et la mâche, tous semés les 9 et 10 juillet. Conservez les plus beaux plants, tassez la terre autour de leur base et arrosez en pluie fine.

Greffez en écusson les pommiers, les poiriers et les pêchers. Retirez à l'arrière du greffon l'esquille de bois, sans abîmer l'œil. Conservez un morceau du pétiole. Placez-le dans une incision en forme de T, ligaturez. Si le pétiole tombe 15 jours après, la greffe est prise.

Les nœuds lunaires ascendants ou descendants et les périodes de lunes montantes ou descendantes correspondent à des notions différentes. Ainsi peut-on avoir un nœud descendant en période de lune montante et inversement.

Vos observations personnelles

BIOCONTRÔLE

Contre le mildiou. La principale maladie des tomates apparaît après une pluie ou un orage, car les spores du champignon ont besoin d'eau pour se multiplier. Pour limiter les attaques, coupez les feuilles du bas des tiges. Elles reçoivent des gouttes d'eau projetées depuis le sol ce qui peut favoriser le mildiou. Étalez une couche de paillage entre les pieds qui amortira la pluie qui tombe. Ôtez en même temps les premières feuilles malades pour ralentir la propagation. Portez ces coupes à la déchetterie, ne les jetez pas au compost.

ANIMAUX

La poule rousse fermière. Issue de plusieurs croisements, c'est la plus petite poule bonne pondeuse, autour de 2,5 kg. Comptez au moins 250 œufs roux par poule et par an. Robuste et rustique, elle est aussi curieuse et docile. Facile à élever, elle est parfaite pour débuter un petit élevage. C'est l'une des races les plus courantes et son prix d'achat est donc peu onéreux.

Rajeunir un rosier pleureur

https://www.youtube.com/watch?v=LoAGZv15jvxY

Août 2023

Lune	Signe	Jour	Travaux
Lune montante ; ☺ 18 h 31	2 h 20 – ♑	mardi 1	
Périgée 5 h 52	♑	mercredi 2	***Le 2, ne jardinez pas avant 11 h.*** En place, semez des radis d'hiver 'Noir gros long d'hiver', 'Noir long poids d'horloge', 'Rose de Chine' 'Violet de Gournay'. Espacez les rangs de 20 à 30 cm. Écartez les graines, couvrez-les, tassez et arrosez.
	21 h 09 – ♒	jeudi 3	Greffez les églantiers en écusson. Incisez en T le bas des porte-greffes. Prélevez les greffons d'un geste précis, gardez 2 cm des pétioles, ôtez les esquilles sans abîmer les yeux. Posez-les en écartant la fente. Ligaturez avec du raphia. En pépinière, semez en lignes espacées de 10 cm, des pensées, violas et pâquerettes. Étiquetez les variétés.
	♒	vendredi 4	
	23 h 48 – ♓	samedi 5	Semez en rangs distants de 20 à 30 cm de la mâche qui résiste au froid, du chou de Chine, des épinards 'Géant d'hiver', 'Monstrueux de Viroflay', des laitues à couper, à récolter avant les gelées ; en pépinière, des laitues 'Brune d'hiver', 'Merveille d'hiver', 'Verpia' pour le printemps.
☊ 2 h 45	♓	dimanche 6	
	4 h 44 – ♈	lundi 7	***Le 7, ne jardinez pas avant 7 h 50.*** Cueillez les haricots à écosser frais ou secs. Récoltez les graines des tomates. Faites-les moisir dans un verre avec un peu d'eau, lavez-les et séchez-les. Stockez-les au sec dans des sachets en papier.
◑ 10 h 28	♈	mardi 8	
	4 h 49 – ♉	mercredi 9	En lignes, semez des navets 'Jaune boule d'or', 'Blanc dur d'hiver', 'de Nancy', 'des Vertus marteau', 'Norfolk à collet rouge', des scorsonères à récolter dans un an. Couvrez les graines, tassez, arrosez. Maintenez le sol frais jusqu'à la levée. En régions douces, semez en pépinière, les oignons de couleur 'Rouge pâle de Niort', 'Espagnol', 'Rouge de Florence' et partout, les blancs 'de Barletta', 'de Vaugirard', 'de Paris'.
	♉	jeudi 10	
⊙ ♌	♉	vendredi 11	
7 h 34 ; Lune descendante	23 h 53 – ♊	samedi 12	Bouturez à l'étouffée des pousses de dahlias et des rameaux de rosiers. Placez sous abri à la mi-ombre. Repiquez en pépinière les semis de bisannuelles et de vivaces du 6 au 8 juillet. Arrachez-les avec une motte, plantez-les tous les 10 cm. Tassez à la main et arrosez.
	♊	dimanche 13	
	5 h 15 – ♋	lundi 14	Taillez les haies de persistants, thuyas, cyprès, éléagnus, fusains, les topiaires et les bordures de buis. Débroussaillez les endroits incultes. Préparez le sol d'une nouvelle pelouse à semer en septembre.
	♋	mardi 15 Assomption	
● 9 h 38 ; Apogée 11 h 54	20 h 38 – ♌	mercredi 16	***Le 16, ne jardinez pas avant 17 h*** Coupez au ras du sol les cannes des framboisiers non remontants qui ont fructifié.

Les nœuds lunaires ascendants ou descendants et les périodes de lunes montantes ou descendantes correspondent à des notions différentes. Ainsi peut-on avoir un nœud descendant en période de lune montante et inversement.

Vos observations personnelles

BIODYNAMIE

Purin de gourmands de tomates. Les pousses de tomates taillées, sans traces de maladies, sont utiles : transformez-les en purin. Coupez finement 300 à 500 g de gourmands dans un seau et couvrez de 5 l d'eau de pluie. Laissez macérer à l'ombre durant 2 ou 3 jours. Tournez la préparation une ou deux fois par jour. Filtrez-la dans un linge fin et utilisez le purin pur. Il est efficace en préventif contre la piéride du chou. Le parfum repousse les papillons qui ne pondent pas sur les légumes.

ANIMAUX

La terre de diatomée. Saupoudrez-en le sol du poulailler, les poules s'y rouleront en prenant un bain de poussière. Vous pouvez l'appliquer directement sur le plumage, en évitant les yeux. Cette roche de silice agit contre les poux rouges et broyeurs. Elle est également efficace en vermifuge, donnez-en 2 g par jour et par poule par cure de 4 semaines, trois à quatre fois par an. Elle assèche les fientes et limite les odeurs par temps chaud. Utilisez de la terre de diatomée non calcinée.

Bouturer des dahlias
https://www.youtube.com/watch?v=PHgGFLu--F0

Août 2023

Lune	Événements	Signe	Jour
Lune descendante	● 9 h 38 – Apogée 11 h 54	♌	mercredi 16
		♌	jeudi 17
		♌ – 21 h 43 –	vendredi 18
		♍	samedi 19
		♍	dimanche 20
	☋ 16 h 22	♍	lundi 21
		♍ – 15 h 48 –	mardi 22
		♎	mercredi 23
	◐ 9 h 57	– 8 h 09 – ♏	jeudi 24
		♏	vendredi 25
Lune descendante jusqu'à 20 h 18		– 7 h 32 – ♐	samedi 26
Lune montante		♐	dimanche 27
		♐ – 12 h 50 – ♑	lundi 28
		♑	mardi 29
	Périgée 15 h 54	– 8 h 01 – ♒	mercredi 30
	☺ 1 h 35	♒	jeudi 31

Le 16, ne jardinez pas avant 17 h.

Après la dernière récolte, taillez les rameaux des pêchers et abricotiers ayant eu des fruits après les deux rameaux de remplacement situés à leur base. Ils fructifieront l'an prochain. Plantez tous les fraisiers. Espacez les rangs de 40 cm et les pieds de 30 cm. Pralinez les racines nues, hydratez les mottes. N'enterrez pas le collet et arrosez copieusement.

Le 21, ne jardinez pas après 11 h 15.

Déterrez les pommes de terre et les oignons de couleur. Laissez-les se ressuyer à même le sol 1 ou 2 jours. Conservez-les ensuite au sec, à l'abri de la lumière pour les pommes de terre. Selon vos besoins, arrachez des betteraves, des céleris-raves, des carottes, des navets et des radis d'automne. Consommez-les rapidement pour qu'ils conservent leurs vitamines. Éclaircissez les radis d'hiver semés les 1er et 2 août.

Bouturez les pélargoniums odorants, lierres et zonaux. Coupez des tiges de 10 cm, ôtez les feuilles du bas. Placez une bouture par pot rempli de sable et de terre. Enfermez sous un plastique transparent et mettez sous châssis. Plantez le lis de la Madone.

Éclaircissez tous les semis des 5 et 6 août : mâche, épinard, chou de Chine et laitue. Blanchissez des cardons, céleris à côtes et chicorées. Récoltez les premiers dans 3 à 4 semaines, les seconds dans 2 à 3 semaines, les salades 10 à 15 jours plus tard.

Récoltez les pommes et poires d'été, elles se conservent peu, les fraises et framboises remontantes. Arrachez les haricots à écosser (grains en sec). Écossez-les et mettez les grains quelques jours au congélateur. Le froid les protégera des bruches, un parasite qui les rend inconsommables.

En régions douces, semez en pépinière les oignons de couleur rouge ou jaune, 'Rouge pâle de Niort', 'Rouge de Florence', 'Espagnol' et partout, les petits oignons blancs 'de Barletta', 'de Vaugirard', 'de Paris', 'Printanier parisien'. À éclaircir tous les 5 cm après la levée.

Le 30, ne jardinez pas après 10 h 45.

Semez en place les annuelles peu frileuses, alysse odorante, bleuet, immortelle, pavot de Californie, pied-d'alouette. Couvrez-les peu, tassez et arrosez. Greffez les églantiers en écusson (voir les 3 et 4 août).

Les nœuds lunaires ascendants ou descendants et les périodes de lunes montantes ou descendantes correspondent à des notions différentes. Ainsi peut-on avoir un nœud descendant en période de lune montante et inversement.

Vos observations personnelles

BIOCONTRÔLE

Taupins sur salades. Appelées également « vers fil de fer », les larves du taupin sont fines, orangées, à l'aspect luisant. Elles vivent plusieurs années dans le sol et se nourrissent de racines, notamment celles des laitues. Les salades touchées ne peuvent plus s'abreuver et le feuillage ou les pommes entières flétrissent (photo). Les dégâts sont surtout visibles au printemps et en été. Cherchez les larves en griffant le sol pour confirmer le diagnostic. Arrosez alors le sol avec un purin de fougère aigle dilué à 10 % qui a une action répulsive. En septembre ou l'an prochain, de mars à juin, utilisez des nématodes (*Steinernema feltiae*). Diluez la poudre dans de l'eau et arrosez le sol du potager pour réduire la population.

ANIMAUX

Lapin normand. Très sociable, de taille moyenne, il présente un pelage proche du lapin de garenne. Son corps est trapu, musclé avec une ossature fine. Il pèse entre 3 et 4,5 kg. Variez son alimentation, sous forme sèche, en granulés, mais aussi fraîche, avec des légumes ou épluchures, de la luzerne ou du trèfle. Sa chair est très fine et appréciée.

Bouturer un pélargonium odorant

https://www.youtube.com/watch?v=t4KMVWWLtZ8

Septembre 2023

Lune	Signe	Jour
Lune montante	♒ 9 h 36	vendredi 1
	♓	samedi 2
☊ 7 h 43	13 h 31	dimanche 3
	♈	lundi 4
	12 h 09	mardi 5
		mercredi 6
◑ 22 h 21	♉	jeudi 7
13 h 13		vendredi 8
Lune descendante	22 h 56 ♊	samedi 9
	11 h 12	dimanche 10
	♋	lundi 11
Apogée 15 h 42	2 h 39	mardi 12
	♌	mercredi 13
		jeudi 14
● 1 h 39	3 h 41	vendredi 15
	♍	samedi 16

Le 3, ne jardinez pas avant 12 h 50.

En pépinière, semez des choux cabus ; en place, de la mâche et des épinards ; ailleurs, des engrais verts. Semez du gazon à la volée, en deux passages croisés. Couvrez de terreau, roulez et arrosez. S'il ne pleut pas, arrosez pendant 3 à 4 semaines, jusqu'à la levée complète.

Coupez quelques feuilles près des tomates et des grappes de raisin pour accélérer leur maturité. Récoltez les fruits et légumes-fruits de saison, dégustez-les frais ou transformez le surplus pour l'hiver. Soulagez les pommiers trop chargés en fruits.

Semez en place, en lignes espacées de 20 cm, les radis de tous les mois 'de Dix-huit jours', 'Flamboyant 5', 'Gaudry 2', 'National 2'. Éclaircissez après la levée. S'il ne pleut pas, arrosez souvent pour que les radis ne soient pas piquants et ne creusent pas. En rangs espacés de 20 cm, semez les poireaux « baguette ». Dispersez bien les graines. À éclaircir en gardant un plant tous les 5 cm, ils ne se repiquent pas. Vous les récolterez en mai 2024.

Plantez les bisannuelles et les vivaces semées les 9 et 10 juin et repiquez en pépinière les pensées et les pâquerettes semées les 3 et 4 août. Plantez et divisez les pivoines herbacées. Enterrez peu les bourgeons.

Plantez les vignes vierges et les lierres devant un support. Bouturez sous châssis les arbustes à feuillage persistant. Enlevez les feuilles du bas et plantez-les tous les 5 cm. Installez les laitues d'hiver semées les 5-6 août.

Le 12, ne jardinez pas après 10 h 35.

Plantez les fraisiers tous les 30 cm en espaçant les rangs de 40 cm. S'ils sont à racines nues, formez une petite butte et étalez les racines pralinées dessus. Hydratez ceux en godet avant de les dépoter. Rebouchez sans enterrer le collet. Installez tous les petits fruits vendus en conteneurs. Placez une brique sous les potirons et courges pour les protéger de l'humidité et accélérer leur maturité.

Éclaircissez les scorsonères semées du 9 au 11 août. Conservez de beaux plants tous les 10 cm. Récoltez des betteraves, carottes, céleris-raves, panais, poireaux et radis pour votre consommation immédiate, transformez-les en les congelant ou en les stérilisant.

Les nœuds lunaires ascendants ou descendants et les périodes de lunes montantes ou descendantes correspondent à des notions différentes. Ainsi peut-on avoir un nœud descendant en période de lune montante et inversement.

Vos observations personnelles

BIODYNAMIE

Plantation de fraisiers. Écartez le paillage en surface et ameublissez la terre avec une Grelinette. Elle n'a pas besoin d'être retournée, elle est déjà meuble sous le paillis. Installez les fraisiers en lune descendante et en jours-fruits, voir ci-contre les 13 et 14 septembre. Il est important de planter à la bonne profondeur, le collet au niveau du sol, ni trop enterré, ni trop au-dessus. Arrosez copieusement et remettez le paillis. S'il fait sec, arrosez pour favoriser un bon enracinement avant les premières gelées.

ANIMAUX

La Géline de Touraine. Adoptez cette race ancienne de poule qui a failli disparaître. Sa crête et ses barbillons rouges ressortent sur son plumage noir. Elle pond en moyenne 170 œufs par an, de 60 à 70 g, de couleur beige clair à doré. C'est également une volaille de chair, elle est fine et goûteuse. De bon caractère, calme et sociable, elle s'apprivoise vite, ne craint pas les maladies, mais a besoin d'espace.

Soulager un pommier surchargé de fruits

https://www.youtube.com/watch?v=DNf6-S5cWrU

Septembre 2023

Lune	Événements	Signe	Jour
Lune descendante		♍	samedi **16**
	☉ ♍ ; ☋ 19 h 17	♍	dimanche **17**
		♍ – 21 h 31 –	lundi **18**
		♎	mardi **19**
		♎ – 14 h 12 –	mercredi **20**
		♏	jeudi **21**
	◐ 19 h 31	♏ – 14 h 37 –	vendredi **22**
3 h 35 – Lune montante	Équinoxe d'automne 6 h 49	♐	samedi **23**
		♐ – 21 h 42 –	dimanche **24**
		♑	lundi **25**
		♑ – 18 h 13 –	mardi **26**
	Périgée 0 h 58	♒	mercredi **27**
		♒ – 20 h 26 –	jeudi **28**
	☺ 9 h 57	♓	vendredi **29**
	☊ 16 h 48	♓ – 23 h 55 –	samedi **30**

Le 17, ne jardinez pas après 14 h 10.

Plantez les oignons blancs ou de couleur semés du 9 au 11 août. Arrachez les plus beaux oignons. Coupez l'extrémité des feuilles et les racines à 1 cm des bulbes. À bonne exposition, tracez des lignes espacées de 15 cm et placez un oignon tous les 8 cm, à 3 cm de profondeur. Tassez fortement, n'arrosez pas en cette saison.

Mettez en place les arbustes de terre de bruyère, azalée, kalmia, piéris, rhododendron. Couvrez le sol de compost. À la mi-ombre, installez les griffes de muguet tous les 10 cm ou divisez une plantation ancienne en conservant de beaux pieds. Plantez les vivaces.

Installez les conifères, arbustes persistants ou caducs en haie. Ils commenceront à s'enraciner avant les fortes gelées. Repiquez en pépinière les choux cabus semés du 1er au 3 septembre. Blanchissez des chicorées frisées et scaroles, des cardons et des céleris à côtes.

Récoltez les fruits et petits fruits arrivés à maturité, les aubergines, concombres, cornichons, courges, courgettes, haricots, physalis, piments, poivrons et tomates. Transformez le surplus.

Sous abri, en terre bien affinée, semez des carottes demi-longues 'Touchon', 'Nanco', 'Boléro'. À récolter en primeur, en avril-mai 2024. Tamisez le compost ancien, utilisez-le au potager ou dans les massifs. Alimentez le nouveau tas avec les déchets de saison.

Le 28, ne jardinez pas avant 6 h 10.

En régions douces, devant un support, semez les pois de senteur annuels en poquets tous les 40 cm. La germination interviendra au printemps prochain, repérez les emplacements. Ailleurs, opérez en pot et gardez-les sous châssis.

Le 30, ne jardinez pas après 11 h 40.

Semez les épinards d'hiver et la mâche ; en pépinière, les laitues d'hiver. Protégez si besoin avec un tunnel. Semez un engrais vert (sainfoin, avoine, féverole) à la volée sur les planches libres. Ratissez pour enterrer légèrement les graines.

Les nœuds lunaires ascendants ou descendants et les périodes de lunes montantes ou descendantes correspondent à des notions différentes. Ainsi peut-on avoir un nœud descendant en période de lune montante et inversement.

Vos observations personnelles

PERMACULTURE

Une bordure d'oseille. Ameublissez une bande de terre le long d'une allée pas trop ensoleillée. Incorporez en surface du compost bien décomposé. Achetez des godets, hydratez-les dans un seau d'eau et dépotez-les. Ouvrez des trous tous les 25 à 30 cm et placez-y les mottes. Tassez la terre autour et arrosez copieusement. Vous pouvez aussi diviser des pieds âgés de 3 ans en les séparant en éclats munis de belles racines et de quelques feuilles. Réduisez alors le feuillage pour une meilleure reprise. Toutes ces opérations s'effectuent en lune descendante, en jours-feuilles, du 20 (après 14 h 12) au 22 (avant 14 h 37) septembre.

BIEN-ÊTRE

La cure de raisin. Détoxifiante pour les intestins, le foie, les reins, la peau, elle améliore le sommeil, le transit et la vitalité. Suivez-la de 1 à 10 jours de suite, en dégustant uniquement du raisin non traité, blanc, rosé ou noir, sous forme de grains ou de jus. Habituez votre corps au changement de régime quelques jours avant et après, en mangeant léger, sans aliments gras, ni difficiles à digérer. Demandez l'avis préalable à votre médecin.

Semer du sainfoin

https://www.youtube.com/watch?v=1Qe8-cNIQi0

Octobre 2023

Lune	Phase / événements	Signe	Jour
Lune montante		♈	dimanche 1
		♈	lundi 2
		– 21 h 23 –	
		♉	mardi 3
		♉	mercredi 4
		♉	jeudi 5
20 h 29			
Lune descendante	◑ 13 h 47	– 6 h 09 – ♊	vendredi 6
		♊	samedi 7
		– 18 h 00 –	
		♋	dimanche 8
		♋	lundi 9
		– 9 h 19 –	
	Apogée 3 h 41	♌	mardi 10
		♌	mercredi 11
		♌	jeudi 12
		– 10 h 20 –	
		♍	vendredi 13
	● 17 h 55 Éclipse de Soleil 17 h 59	♍	samedi 14
	☋ 1 h 11	♍	dimanche 15
		– 3 h 27 –	
		♎	lundi 16

En régions douces, semez les fèves 'de Séville à longue cosse', 'd'Aguadulce à très longue cosse' et les pois à grains ronds 'Caractacus', 'Petit provençal', 'Douce Provence'. En régions froides, récoltez les fruits et légumes-fruits avant les gelées. Récoltez les noix.

Sous châssis ou sous tunnel, semez quelques radis de tous les mois 'Gaudry 2' ou 'Flamboyant 5'. Vous les éclaircirez après la levée et les récoltez dans 3 à 4 semaines. Stratifiez les graines de cerfeuil tubéreux. Semez-les dans un pot contenant du sable. Couvrez d'un grillage pour les protéger des oiseaux et rongeurs. Enterrez le pot au pied d'un mur au nord. À semer en mars 2024. Cette méthode facilite la germination des graines.

Plantez les bisannuelles et vivaces semées du 6 au 8 juillet, les bulbes de printemps et les lis (sauf celui de la Madone). Protégez les artichauts. Réduisez et liez les feuilles, buttez sur 25 cm, paillez en climat froid.

Coupez et jetez (mais pas au compost) les tiges des asperges, elles peuvent héberger des parasites. Arasez les buttes, apportez du compost décomposé et un engrais riche en phosphore et en potasse.

Le 10, ne jardinez pas avant 8 h 50.

Plantez les derniers fraisiers en terre enrichie. Placez les collets au niveau du sol. Installez les petits fruits tous les 1 m en tous sens. Prévoyez auparavant une armature pour les framboisiers. Ouvrez les trous de plantation des fruitiers à installer en novembre et en décembre. Ramassez les fruits momifiés accrochés aux branches et les feuilles mortes. Ne les compostez pas.

Le 14, ne jardinez pas après 12 h 45.
Le 15, ne jardinez pas avant 6 h 20.

Arrachez les endives sans abîmer les racines. Laissez-les sécher quelques jours sur place pour provoquer l'arrêt de la végétation. En toutes régions, plantez l'échalote grise. Récoltez les légumes qui craignent le froid, mettez-les en silo. Protégez les autres. Éclaircissez les carottes semées les 25 et 26 septembre. Plantez les oignons semés les 28 et 29 août. Tamisez le compost ancien et utilisez-le. Alimentez le nouveau tas avec les déchets de saison.

Après les premières gelées, arrachez les bégonias, cannas, dahlias, glaïeuls et stockez-les.

Les nœuds lunaires ascendants ou descendants et les périodes de lunes montantes ou descendantes correspondent à des notions différentes. Ainsi peut-on avoir un nœud descendant en période de lune montante et inversement.

Vos observations personnelles

BIOCONTRÔLE

Le tigre du poirier. Il s'agit d'une petite punaise qui pique les tissus des feuilles du poirier et du pommier. Elles se décolorent peu à peu et jaunissent dès l'été. Les dégâts sont souvent peu importants, mais vont s'accentuer au fil des années. Ne laissez pas les tigres s'installer dans votre verger. Ils hivernent dans les écorces ou dans les débris végétaux au sol. Ramassez donc toutes les feuilles mortes, les fruits malades ou pas. Appliquez un badigeon à base d'argile sur les troncs et le départ des grosses branches, en lune descendante et en jours-fruits, du 9 (après 9 h 19) au 12 (avant 10 h 20) octobre. Si l'attaque était déjà importante, prévoyez au printemps une pulvérisation avec des pyréthrines.

ANIMAUX

Lapin fauve de Bourgogne. De taille moyenne et de couleur rousse presque uniforme, il pèse entre 3,5 et 5 kg. Son corps est costaud, sa poitrine large et ses oreilles sont dressées. Idéal pour les débutants, il est calme, mais a besoin d'un peu d'espace pour bouger dans son clapier. Sa croissance est rapide, sa chair ferme et serrée est l'une des meilleures.

Récolter et conserver les noix

https://www.youtube.com/watch?v=bC2bgSNsdlM

Octobre 2023

Lune descendante

– 3 h 27 –

lundi **16** ♎

mardi **17**

– 19 h 43 –

mercredi **18** ♏

jeudi **19**

– 20 h 09 –

9 h 14

Lune montante

vendredi **20** ♐

samedi **21**

◐ 3 h 29

– 4 h 14 –

dimanche **22** ♑

lundi **23**

– 2 h 13 –

mardi **24** ♒

mercredi **25**

Périgée 3 h 01

– 6 h 07 –

jeudi **26** ♓

vendredi **27**

☊ 3 h 13

– 10 h 21 –

samedi **28** ♈

Éclipse de Lune 20 h 14

○ 20 h 23

dimanche **29**

– 7 h 34 –

lundi **30** ♉

mardi **31**

⊙ ♎

Plantez les pensées, violas et pâquerettes semées les 3 et 4 août, les érémurus, les vivaces vendues en godets et les arbustes à fleurs en conteneurs. Couvrez le dessus des mottes de 2 cm de terre et arrosez. Empotez et hivernez les annuelles peu rustiques des massifs.

Plantez les choux cabus semés du 1er au 3 septembre. Enterrez la base des tiges. Reprenez les endives arrachées. Coupez les feuilles à 3 cm, les racines à 20 cm. Plantez-les dans une caisse en cave. Comblez les vides, arrosez. Couvrez de terre ou de paille et d'un plastique noir.

En régions douces, semez les pois à grains ronds, nains 'Douce Provence', 'Petit provençal', grimpants 'Express à longue cosse', 'Roi des conserves', 'Serpette Guilloteaux', mangetout 'Bamby', 'Caroubel', 'Corne de bélier', 'Carouby de Maussane'. Vous les binerez après la levée, puis butterez et poserez les rames quand les pieds auront 20 cm de hauteur.

Semez le chervis en rangs espacés de 30 à 40 cm. Couvrez un peu les graines, tassez avec le dos du râteau et arrosez. À éclaircir quand les plants auront quatre à cinq feuilles, tous les 20 à 25 cm.

Le 26, ne jardinez pas avant 8 h 10.

Récoltez les artichauts, brocolis, choux-fleurs et le safran. Faites sécher les stigmates. En régions douces, taillez les fleurs fanées des hortensias. Coupez au-dessus du 1er bourgeon situé sous la fleur. Ailleurs, attendez mars ou avril pour tailler.

Le 28, ne jardinez pas.

Ramassez la mâche, les épinards, laitues pommées, à couper, choux de Chine, cabus, de Milan, cardons, céleris à côtes et le fenouil doux. Quand il a gelé, récoltez les variétés d'hiver de chou de Bruxelles en commençant par les pommes du bas.

En régions douces, semez des fèves en rangs espacés de 40 cm, écartez les grains de 10 à 15 cm, à 5 cm de profondeur. Récoltez les nèfles et les kakis. S'il n'a pas gelé, étalez-les dans des cageots sur un lit de paille. Vous les dégusterez quand ils seront blets.

Sous châssis, semez des carottes de type grelot 'Marché de Paris 4' et des radis. Mélangez les deux semences dans le même rang. En récoltant les radis, vous laisserez de la place aux carottes. Fermez les sillons, tassez et arrosez en pluie fine.

Les nœuds lunaires ascendants ou descendants et les périodes de lunes montantes ou descendantes correspondent à des notions différentes. Ainsi peut-on avoir un nœud descendant en période de lune montante et inversement.

Vos observations personnelles

BIODYNAMIE

Engrais verts. Ne laissez pas une parcelle du potager en terre nue. En automne, semez des engrais verts qui vont persister tout l'hiver. Ils éviteront le tassement du sol par les pluies et apporteront des matières organiques quand ils seront coupés au printemps. En sol neutre à calcaire, pour 100 m^2, semez de l'avoine (1 kg), mélangée à de la vesce (200 g) ou de l'avoine (1,3 kg) avec de la féverole (500 g). Préparez le sol et dispersez les graines. En sol acide, remplacez l'avoine par du seigle, dans les mêmes proportions. Tous ces mélanges donnent une grande masse végétale, améliorent la structure du sol et étouffent les « mauvaises herbes ». Semez en lune montante, en jours-feuilles, les 26 et 27 octobre.

BIEN-ÊTRE

Utile chou vert. Écrasez quelques feuilles avec le rouleau à pâtisserie et couvrez-en votre visage. Laissez agir 30 minutes, puis rincez la peau à l'eau claire. Le chou est connu pour revitaliser et tonifier les tissus, absorber les impuretés et les toxines.

Hiverner les plantes peu rustiques d'un massif d'été

https://www.youtube.com/watch?v=vAO9e6YMtRM

Novembre 2023

Lune	Heure / Signe	Jour
Lune montante	♉	mercredi **1** Toussaint
5 h 14	14 h 47	jeudi **2**
Lune descendante	♊	vendredi **3**
	2 h 02	samedi **4**
◑ 8 h 36	♋	dimanche **5**
	17 h 01	lundi **6**
Apogée 21 h 48	♌	mardi **7**
		mercredi **8**
	18 h 05	jeudi **9**
	♍	vendredi **10**
☊ 8 h 48		samedi **11** Armistice 1918
	10 h 51	dimanche **12**
● 9 h 27	♎	lundi **13**
	2 h 29	mardi **14**
	♏	mercredi **15**
14 h 44	2 h 00	jeudi **16**
Lune montante	♐	

Faites le bilan des récoltes, des échecs de l'année et le plan de votre potager pour 2024. Tenez compte des rotations – un même légume ne se cultive pas au même endroit avant 3 à 5 ans – et des associations bénéfiques ou à éviter. Repérez les parcelles qu'il ne faut pas fertiliser.

Arrachez les bégonias tubéreux, dahlias, cannas et glaïeuls. Stockez-les dans un local sombre et hors gel. Déterrez et jetez les annuelles. Installez les clématites, les hémérocalles et pivoines à racines nues.

Plantez les laitues d'hiver semées les 29-30 septembre. Blanchissez les chicorées, cardons, céleris à côtes et pissenlits. Coupez les rameaux de l'estragon à 10 cm du sol. Couvrez de paille puis d'un voile d'hivernage.

Le 6, ne jardinez pas après 16 h 40.

S'il ne gèle pas, plantez les arbres fruitiers à racines nues dans les trous préparés et la vigne, sans enterrer les points de greffe. Tuteurez les arbres de plein vent avant de boucher, arrosez copieusement. Bouturez des rameaux de figuiers munis d'une crossette. Enterrez-les au pied d'un mur au nord, en laissant dépasser uniquement l'œil terminal. Marcottez la vigne. Buttez les fèves semées les 1er et 2 octobre.

Le 11, ne jardinez pas avant 14 h.

Arrachez selon vos besoins les crosnes, salsifis, scorsonères, raiforts, topinambours, panais et poireaux. Paillez le sol pour continuer les récoltes même s'il gèle. Dans le Midi, plantez les échalotes 'Jermor', 'Longor', 'Mikor' et partout 'Griselle'. Enterrez à peine les pointes. Plantez l'ail blanc et violet. Ameublissez les sols lourds. Séparez la terre en grosses mottes sans les briser, le gel s'en chargera à votre place.

Coupez et broyez les tiges fanées des vivaces. Compostez-les si elles sont saines. Ne taillez pas les graminées et les plantes peu rustiques. Réduisez les rameaux des rosiers arbustifs pour diminuer leur emprise au vent.

Forcez des endives. Coupez les feuilles à 3 cm et les racines à 20 cm. Plantez les racines dans une fosse au jardin ou une caisse en cave. Plantez les lierres, vignes vierges devant un mur ; les troènes, éléagnus, charmes, hêtres, en haie, tous les 80 cm à 1 m.

Dans le Midi, récoltez les olives si elles sont mûres. Portez-les au moulin pour en extraire l'huile.

Les nœuds lunaires ascendants ou descendants et les périodes de lunes montantes ou descendantes correspondent à des notions différentes. Ainsi peut-on avoir un nœud descendant en période de lune montante et inversement.

Vos observations personnelles

PERMACULTURE

Arrachage des poireaux. Le paillage des planches ou des buttes de culture évite que le sol gèle, à condition que l'épaisseur soit suffisante, entre 5 et 10 cm. Vous pourrez continuer les prélèvements tout l'hiver selon vos besoins. Paillez aussi les légumes-racines qui restent en terre : crosnes, panais, salsifis, scorsonères, raiforts et topinambours. Tous se déterrent en lune descendante, en jours-racines, comme les 9, 10, 11 (après 14 heures), 12 (avant 10 h 51) novembre.

ANIMAUX

La poule Marans. Elle vous donnera entre 200 et 250 œufs par an, de 70 à 75 g, à la belle coquille d'un roux foncé. Originaire de Charente-Maritime, son plumage est noir avec un cou et un poitrail cuivrés. Elle pèse entre 2,5 et 3 kg. Calme, sociable, elle aime vivre au grand air. Sa viande est également appréciée pour son fondant et sa chair persillée.

Marcotter la vigne
https://www.youtube.com/watch?v=rNcoXg8XsvY

Novembre 2023

Lune	Heure	Signe	Jour	Date
Lune descendante 14 h 44	2 h 00		jeudi	**16**
		♐	vendredi	**17**
	9 h 37		samedi	**18**
		♑	dimanche	**19**
◐ 10 h 49	8 h 05		lundi	**20**
Lune montante		♒	mardi	**21**
Périgée 21 h 01	13 h 02		mercredi	**22**
⊙ ♏		♓	jeudi	**23**
☊ 11 h 01	19 h 04		vendredi	**24**
		♈	samedi	**25**
	17 h 03		dimanche	**26**
☺ 9 h 16			lundi	**27**
		♉	mardi	**28**
14 h 11 *Lune descendante*	23 h 59		mercredi	**29**
		♊	jeudi	**30**

Dans les régions douces ou sous un tunnel, semez les fèves 'de Séville à longue cosse', 'd'Aguadulce à très longue cosse' et les pois à grains ronds 'Cador', 'Petit provençal', 'Plein le panier', 'Douce Provence', 'Caractacus', 'Express à longue cosse' ou 'Roi des conserves'.

Dégermez à la main les pommes de terre pour qu'elles ne se vident pas de leurs réserves. Contrôlez les légumes conservés en silo, retirez ceux qui s'abîment avant qu'ils ne contaminent les autres. Renforcez si besoin les protections.

Le 21, ne jardinez pas après 15 h 55.

Semez des pois vivaces grimpants en godets, à raison de 4 à 5 graines dans chacun. Placez-les sous châssis, vous les protégerez avec des paillassons lors des nuits hivernales les plus froides et les mettrez en place au printemps.

Le 24, ne jardinez pas.

Récoltez la mâche, les choux de Bruxelles, épinards et laitues. Protégez les plus fragiles. À la maison, en terrine, semez du cresson alénois. Placez à la lumière, sans soleil direct. Au chaud, en pot, semez des pépins d'agrumes pour obtenir de jolies plantes vertes.

Dans le Midi, semez les pois à grains ronds. Dans des pots remplis de sable, stratifiez des pépins de pommes et de poires pour obtenir des porte-greffes. Enterrez-les au pied d'un mur face au nord.

Sous châssis, semez des radis ronds 'Gaudo', 'Gaudry 2' et des carottes de type grelot 'Marché de Paris 4'. Vous les éclaircirez après la levée, tous les 5 cm. Aérez par temps doux. Protégez des limaces et couvrez les châssis de paillassons par temps froid. Stratifiez les graines de cerfeuil tubéreux dans un pot contenant du sable. Couvrez d'un grillage pour les protéger des oiseaux et rongeurs.

S'il ne gèle pas, plantez les rosiers et arbustes à racines nues. Enrichissez le sol de corne et de compost. Buttez les greffes des rosiers peu rustiques.

Les nœuds lunaires ascendants ou descendants et les périodes de lunes montantes ou descendantes correspondent à des notions différentes. Ainsi peut-on avoir un nœud descendant en période de lune montante et inversement.

Vos observations personnelles

PERMACULTURE

Récupération facile. Le vent, les oiseaux, les graines qui tombent sont à l'origine de semis naturels qui deviennent des plantes ou des arbustes comme ce laurier-tin (photo). C'est le cas notamment des ancolies, asters, coquelourdes, euphorbes des bois pourpres, lupins, oreilles d'ours, soucis, violettes cornues pour les vivaces, buddléias, cotonéasters, lauriers du Portugal, rosiers botaniques pour les arbustes. Si ces plantes sont mal placées, transplantez-les où vous voulez. Arrachez-les avec une motte pour préserver les racines. Ouvrez un trou, installez-y la motte, tassez à la main et arrosez. Opérez en lune descendante, en jours-fleurs ou en jours-feuilles, selon les végétaux.

ANIMAUX

Nourrir les lapins en hiver. Complétez les aliments secs en granulés, céréales en grains (avoine, blé, orge) ou foin donnés à volonté en ajoutant des légumes-racines du potager (carottes, panais, topinambours), de la verdure (salades, choux, pissenlits), riches en vitamines. Ces aliments doivent être propres, non poussiéreux, et non gorgés d'eau pour éviter les diarrhées.

Semer des fèves sous tunnel

https://www.youtube.com/watch?v=BvFYV1aL9AQ

Décembre 2023

Lune descendante (jusqu'au 13 à 21 h 52) — **Lune montante** (à partir de 21 h 52)

Lune	Signe	Jour
	♊ — 10 h 49	vendredi **1**
	♋	samedi **2**
	— 1 h 25	
		dimanche **3**
Apogée 18 h 42	♌	lundi **4**
◐ 5 h 49		mardi **5**
	— 2 h 34	mercredi **6**
		jeudi **7**
☋ 15 h 24	♍	vendredi **8**
		samedi **9**
	— 19 h 53	
	♎	dimanche **10**
	— 11 h 17	lundi **11**
	♏	mardi **12**
● 23 h 31		
21 h 52	— 9 h 58	mercredi **13**
	♐	jeudi **14**
	— 16 h 11	vendredi **15**
Périgée 18 h 52	♑	samedi **16**

Plantez les églantiers à greffer l'été prochain.

Forcez d'autres endives, au jardin ou en cave. Blanchissez des pissenlits. S'il ne gèle pas, plantez une haie d'arbustes caducs. Ouvrez des trous, enrichissez la terre de compost. Comblez les vides, tassez et arrosez.

Le 4, ne jardinez pas après 13 h 35.

Hors gel, plantez les fruitiers à racines nues. Taillez ceux à pépins de plein vent. Coupez les gourmands, deux ou trois branches âgées peu productives pour aérer la ramure. Enlevez les mousses et lichens, jetez-les. Éliminez le gui. Ouvrez des trous à la périphérie des ramures, apportez du compost et un engrais retard. Transplantez les rejets de framboisiers en surplus.

Le 8, ne jardinez pas après 10 h 15.

En régions douces, plantez l'ail blanc et violet sur une parcelle non fumée récemment. Selon vos besoins, récoltez les crosnes, panais, topinambours, salsifis, scorsonères. Conservez quelques beaux pieds de crosne, de raifort et de topinambour, ils vous permettront de redémarrer la culture au printemps prochain. Continuez la préparation des sols lourds, ne cassez pas les mottes. Au printemps, vous terminerez le travail du gel en affinant et en aplanissant la terre.

Par temps doux, aérez les artichauts ; par temps froid, contrôlez ou renforcez les protections. À la maison, plantez des amaryllis en pot. Enterrez les bulbes de la moitié de leur hauteur dans un mélange léger.

Hors période de gel, élaguez les arbres caducs. Respectez leur silhouette. Ôtez le bois mort, aérez les ramures. Curetez les suçoirs du gui ou coupez les branches qui portent les boules. Mastiquez les grosses coupes. Taillez des rames de noisetier.

S'il ne gèle pas, prélevez les greffons des variétés fruitières à multiplier au printemps. Coupez des rameaux sains, de 30 à 40 cm de long, avec des yeux bien formés. Liez-les en bottes, identifiez les variétés. Enterrez-les à moitié au pied d'un mur face au nord. En régions douces, semez les fèves à 5 cm de profondeur.

Le 16, ne jardinez pas après 13 h 45.

Nettoyez les outils qui travaillent le sol ou taillent, poncez les manches en bois, lavez, affûtez et graissez les lames pour qu'elles ne rouillent pas.

Les nœuds lunaires ascendants ou descendants et les périodes de lunes montantes ou descendantes correspondent à des notions différentes. Ainsi peut-on avoir un nœud descendant en période de lune montante et inversement.

Vos observations personnelles

PERMACULTURE

Poiriers sur butte. La culture sur butte est possible pour les petites formes d'arbres fruitiers (cordon, palmette, basse-tige, fuseau, quenouille) et les petits fruits. Installez-les au sommet sur une partie aplanie. Prévoyez des armatures pour les arbres palissés et les framboisiers. Plantez-les en lune descendante, en jours-fruits, les 3, 4 (avant 13 h 35) et 5 décembre, s'il ne gèle pas. Taillez les racines nues abîmées, épointez les autres. Pralinez-les dans une boue épaisse. Placez dans les trous en laissant les points de greffe hors du sol pour les arbres. Tassez et arrosez copieusement. Le paillis protège les racines du froid en hiver, de la sécheresse en été, ce qui ne vous dispensera pas d'arroser si besoin, surtout les deux premières années.

BIEN-ÊTRE

Soin des peaux grasses. Préparez une décoction avec du thym aux propriétés désinfectantes. Penchez votre visage au-dessus en entourant votre tête d'une serviette. Cette fumigation va nettoyer la peau. Mélangez 1 cuillerée à soupe de miel liquide et 2 cuillerées à café de jus de citron. Enduisez-vous le visage de ce masque et laissez agir 10 minutes. Rincez et tamponnez la peau avec une serviette sèche.

Éliminer le gui des arbres fruitiers

https://www.youtube.com/watch?v=9_jpgQ4LqhE

Décembre 2023

Lune	Événements	Signe	Jour	Conseils
Lune montante	Périgée 18 h 52	♑	samedi **16**	 ***Le 16, ne jardinez pas après 13 h 45.*** Lorsque le plan du potager prévu pour 2024 est arrêté, déterminez les semences nécessaires et achetez-les au plus vite, le choix sera plus important.
		13 h 46	dimanche **17**	
	☉ ♐	♒	lundi **18**	 Au chaud, en terrine, semez les bégonias semperflorens et les pélargoniums. N'enterrez pas les graines des bégonias, tassez simplement avec une planchette. Greffez en incrustation les bignones cultivées en pots. Gardez-les en serre, vous les planterez au printemps devant un solide support.
	◐ 18 h 39	17 h 46	mardi **19**	
		♓	mercredi **20**	 ***Le 21, ne jardinez pas après 8 h 45.*** S'il ne gèle pas ou si les cultures sont abritées, récoltez la mâche, les épinards, choux cabus, de Milan et de Bruxelles. À la maison, dans un germoir, faites germer des lentilles, des pois chiches, du soja ; en terrine, du pourpier doré, couvrez un peu les graines, tassez avec une planchette et humidifiez.
	☊ 13 h 53		jeudi **21**	
	Solstice d'hiver 3 h 27	1 h 30	vendredi **22**	 En régions douces, semez les fèves et les pois à grains ronds, nains ou grimpants. Vous les binerez un peu après leur germination, puis butterez. Dans le Midi, portez vos olives au moulin pour en extraire l'huile.
		♈	samedi **23**	
		0 h 30	dimanche **24**	 Sous châssis, à 10 °C, semez des radis 'Gaudry 2' ou 'Flamboyant 5' avec des carottes 'Marché de Paris 4'. Mélangez les deux semences ; en récoltant les radis, vous éclaircirez les carottes. Couvrez peu les graines, tassez avec une planchette et arrosez en pluie fine. Vous aérerez par temps doux en milieu de journée. Protégez des limaces et si besoin du froid avec des paillassons.
		♉	lundi **25** Noël	
			mardi **26**	
Lune descendante (21 h 50)	☺ 0 h 33	8 h 26	mercredi **27**	 Hors période de gel, plantez les rosiers, les arbustes et les grimpantes à fleurs. Pralinez les racines nues ou hydratez les mottes. Mélangez de la corne et du compost à la terre. Plantez, rebouchez, tassez et arrosez.
		♊	jeudi **28**	
		19 h 16 ♋	vendredi **29**	 Par temps doux, aérez les cultures sous abri, épinards, laitues, mâche. Protégez des limaces. Élaguez les arbres caducs. Taillez les saules formés en têtard.
		9 h 44	samedi **30**	 S'il ne gèle pas, installez les petits fruits vendus à racines nues (framboisiers, cassissiers, groseilliers). Prévoyez une armature pour palisser les framboisiers. Enrichissez le sol de compost bien décomposé et de corne broyée.
		♌	dimanche **31**	***Bonne année !***

Les nœuds lunaires ascendants ou descendants et les périodes de lunes montantes ou descendantes correspondent à des notions différentes. Ainsi peut-on avoir un nœud descendant en période de lune montante et inversement.

Vos observations personnelles

BIOCONTRÔLE

Contre les chenilles processionnaires. Bien à l'abri du froid dans des nids douillets, les chenilles processionnaires du pin vont bientôt descendre le long des troncs, de janvier à mai, pour se nymphoser dans le sol. Le moyen de lutte le plus simple est de les piéger sur les troncs. Mais attention, munies de poils soyeux, elles sont urticantes. Pas question de les toucher ! Posez donc des colliers pièges en hauteur sur chaque tronc avec des nids. Un système de goulotte va guider les chenilles dans un sac rempli de terre. Elles ne pourront s'en échapper. Il suffit ensuite de changer de sac chaque année et de piège tous les cinq ans. Portez des gants, un masque, des vêtements qui couvrent les bras et les jambes.

BIEN-ÊTRE

Médecine traditionnelle. En Lune ascendante, quand elle passe devant la constellation du Capricorne, occupez-vous des genoux, rotules et ménisques, des autres os, mais aussi de la peau, des ongles et des cheveux.

Tailler un saule en têtard

https://www.youtube.com/watch?v=SGokOPn7pzc

La météo de votre jardin

VOTRE CARNET DE BORD MÉTÉO

Vous constatez souvent certaines différences entre les prévisions de la météo nationale ou régionale et le temps qu'il fait « chez vous ». Ces indications demandent en effet à être affinées.
Quels moyens avons-nous à notre disposition pour mieux prévoir le temps sur notre lieu de vie ? Ils sont multiples mais nous allons nous limiter aux plus simples, aux plus naturels.

Les indices

Dans votre environnement, une proche montagne, un arbre, une haie, un mur vous protègent de certains vents. À l'inverse, une vallée, une autoroute canalisent d'autres courants importants. La présence d'un lac, par exemple, entraîne un mouvement ascensionnel de l'air non négligeable. L'altitude du lieu et d'autres facteurs locaux jouent aussi leurs rôles. Si les microclimats sont infinis, votre jardin est unique : sa météo aussi.
Va-t-il faire beau ? Va-t-il pleuvoir ? Devrai-je arroser ce soir ? Ensemble, regardons le ciel : c'est là que se fait la pluie, le beau temps, le chaud, le froid.
Une lune claire entourée d'un halo, un soleil voilé au couchant, annoncent la pluie. Vous connaissez le vent du beau temps qui chasse les nuages, dégage le ciel, laisse briller le soleil, et celui de la pluie qui véhicule les odeurs de telle usine, le carillon de tel clocher et dessine minutieusement le contour de telle montagne habituellement estompée dans les lointains. Et puis, les insectes, les oiseaux sentent la pluie ou l'orage et se manifestent de différentes façons que nous pouvons observer.
La forme des nuages peut aussi vous aider. Reportez-vous aux livres spécialisés qui en présentent des photos caractéristiques.

Les courbes soli-lunaires

Comment les utiliser

Les graphiques soli-lunaires suivants sont gradués tous les cinq degrés. Le 0° figure l'équateur. Les déclinaisons sont positives au-dessus, négatives au-dessous. Pour avoir les graphiques de l'hémisphère Sud, il vous suffit de retourner le tableau.

- Les dates, phases lunaires, nœuds lunaires, périgées et apogées de la Lune, les prédictions pour Brest des coefficients des marées sont portés en haut.
- Vous trouvez la courbe du Soleil en rouge, celle de la Lune en bleu.
- À l'image de l'exemple page 92, notez chaque jour vos remarques : couleur du ciel, pluie, soleil, beau, variable, direction du vent, température minimale de la nuit, maximale du midi solaire.

Plus vous serez précis, plus vos prévisions seront justes et votre plaisir renouvelé à l'écoute de la nature et des mouvements du ciel.
Votre carnet de bord constitue un document fort utile à votre expérience de jardinier. Il vous servira d'une année sur l'autre, enrichira votre expérience et vous permettra de mieux planifier vos travaux saisonniers et quotidiens.
Communiquez-nous les renseignements intéressants que vous notez. Nous pourrons les utiliser en mentionnant leur provenance.

Le Soleil

Le 1er janvier, à 0 h, la déclinaison* du Soleil est de – 23° 03′ (voir p. 94). Il « émerge » de son point le plus bas au solstice d'hiver.

À l'équinoxe de printemps, la courbe du Soleil coupe l'équateur (p. 96) : le jour et la nuit sont de même durée. Sa déclinaison devient positive, la température s'élève peu à peu, la sève monte dans les végétaux, les fleurs s'épanouissent.

Le Soleil atteint son point maximal (+ 23° 26′) au solstice d'été le 21 juin (p. 99), avant d'amorcer sa descente, de franchir à nouveau l'équateur à l'équinoxe d'automne (p. 102) et de retrouver son niveau le plus bas au solstice d'hiver, – 23° 26′ (p. 105).

Sa marche régulière, identique chaque année, règle son temps de présence au-dessus de nous, son rayonnement, la température, la montée et la descente de la sève.

La Lune

La Lune poursuit son mouvement habituel toujours différent d'une année sur l'autre par rapport à la Terre, au Soleil et au plan de l'équateur, apportant de nombreuses variations.

Montante les premiers jours de l'année, elle arrive au lunistice** supérieur dans la constellation des Gémeaux le 6 janvier à 3 h 10. Elle reprend son mouvement descendant, franchit l'équateur le 13 janvier pour atteindre le lunistice inférieur le 20 janvier à 5 h 04, dans la constellation du Sagittaire.

Il s'écoule bien entendu 13 jours, 15 heures, 15 minutes et 30 secondes entre deux lunistices (6, 20) et les passages à l'équateur (13, 26), le cycle complet de la révolution sidérale étant de 27 jours, 7 heures, 43 minutes et 11 secondes 5/10e.

Les changements de temps, s'ils doivent avoir lieu, se produisent habituellement aux lunistices, plus particulièrement le troisième jour.

Prenons un exemple en avril

Notez bien le temps qu'il fait dans votre jardin les 12, 13, 14 avril et plus particulièrement le 14.

- **S'il fait beau, si le vent vient du côté du beau temps, cela devrait durer jusqu'à la nouvelle lune du 20.**
- **Si le temps est variable le 14, un temps changeant avec nuages, pluies, éclaircies devrait s'établir. Ajoutons que le jour où la Lune coupe l'équateur (18), de légers changements peuvent se produire.**

Aucun système n'est infaillible en météorologie. Essayez celui-ci. Espérons qu'il vous aidera.

---

* déclinaison : distance d'un astre au plan de l'équateur céleste (ligne horizontale à 0° sur les graphiques).
** lunistice : époque où la Lune atteint son plus grand éloignement angulaire du plan de l'équateur.

Exemple d'utilisation des courbes

Chaque tableau des courbes mensuelles comporte des divisions journalières pour vous permettre de noter les dominantes climatiques que vous constatez. Vous constituerez ainsi un petit journal de la météo chez vous.

Jour	coeff. marée		Précipitations jour	Précipitations cumul	Températures mini.	Températures maxi.	Vent	Pression hPa	Qualité du temps
31 mar.	30	-			13	21		1010	Beau
30 lun. ap. ☊	40	34	DQ		13	19	NE	1008	Beau
29 dim.	52	46			12	19		1007	Beau
28 sam.	65	59			11	19	NE	1010	Beau
27 ven.	76	71			12	19		1008	Beau
26 jeu.	85	81			14	23		1007	Beau
25 mer.	92	89			15	23		1010	Beau, quelques nuages
24 mar.	95	94			14	20		1011	Couvert, assez beau
23 lun.	93	94			13	22		1014	Beau
22 dim.	88	91	PL		14	23		1015	Assez beau
21 sam.	78	83			19	28		1013	Beau
20 ven.	66	72			15	26		1012	Beau
19 jeu.	54	60			14	23		1012	Beau
18 mer.	48	50			13	21		1012	Beau
17 mar. pér.	51	49			13	19		1010	Assez beau
16 lun. ☋	55	-			13	19	NO	1010	Couvert
15 dim.	66	60	PQ		17	27		1012	Beau à couvert
14 sam.	76	71			23	31		1015	Beau
13 ven.	84	80			21	28		1018	Beau temps
12 jeu.	88	86			22	29		1015	Assez beau à couvert
11 mer.	89	89			21	28		1016	Beau, pas un nuage
10 mar.	86	88			19	27		1012	Beau
9 lun.	81	84			17	25		1010	Beau
8 dim.	73	77	NL		11	21		1011	Beau
7 sam.	64	69	15	47	12	19		1010	Averses, éclaircies
6 ven.	55	60			13	21		1005	Assez beau
5 jeu.	45	50	11	32	14	20		1007	Quelques éclaircies
4 mer.	37	41	12	21	13	20		1008	Averses, éclaircies
3 mar. ☊	33	35	9		13	20		1006	Petites pluies
2 lun. ap.	36	34			12	21		1009	Assez beau
1 dim.	40	-			11	20		1008	Assez beau

plan de l'équateur céleste

+30° +25° +20° +15° +10° +5° 0° -5° -10° -15° -20° -25° -30°

♈ ♉ ♊ ♋ ♌ ♍ ♎ ♏ ♐ ♑ ♒ ♓ ♈ ♉

En rouge : courbe et passage du Soleil devant le Cancer et le Lion. En bleu : courbe et passage de la Lune devant les constellations.

Les nœuds lunaires ascendants ou descendants et les périodes de lunes montantes ou descendantes correspondent à des notions différentes. Ainsi peut-on avoir un nœud descendant en période de lune montante et inversement.

Voici un exemple de météo relevé en août 2021. Le troisième jour du lunistice, les 7 et 21 août, vous donne une indication importante pour les 10 jours suivants. Coefficients de marée : Brest.

Année 2023

Ce graphique vous permet de visualiser la grande courbe du Soleil, les petites courbes mensuelles de la Lune, leurs mouvements ascendants (périodes des semis) et descendants (périodes des travaux de la terre, des repiquages, des plantations).

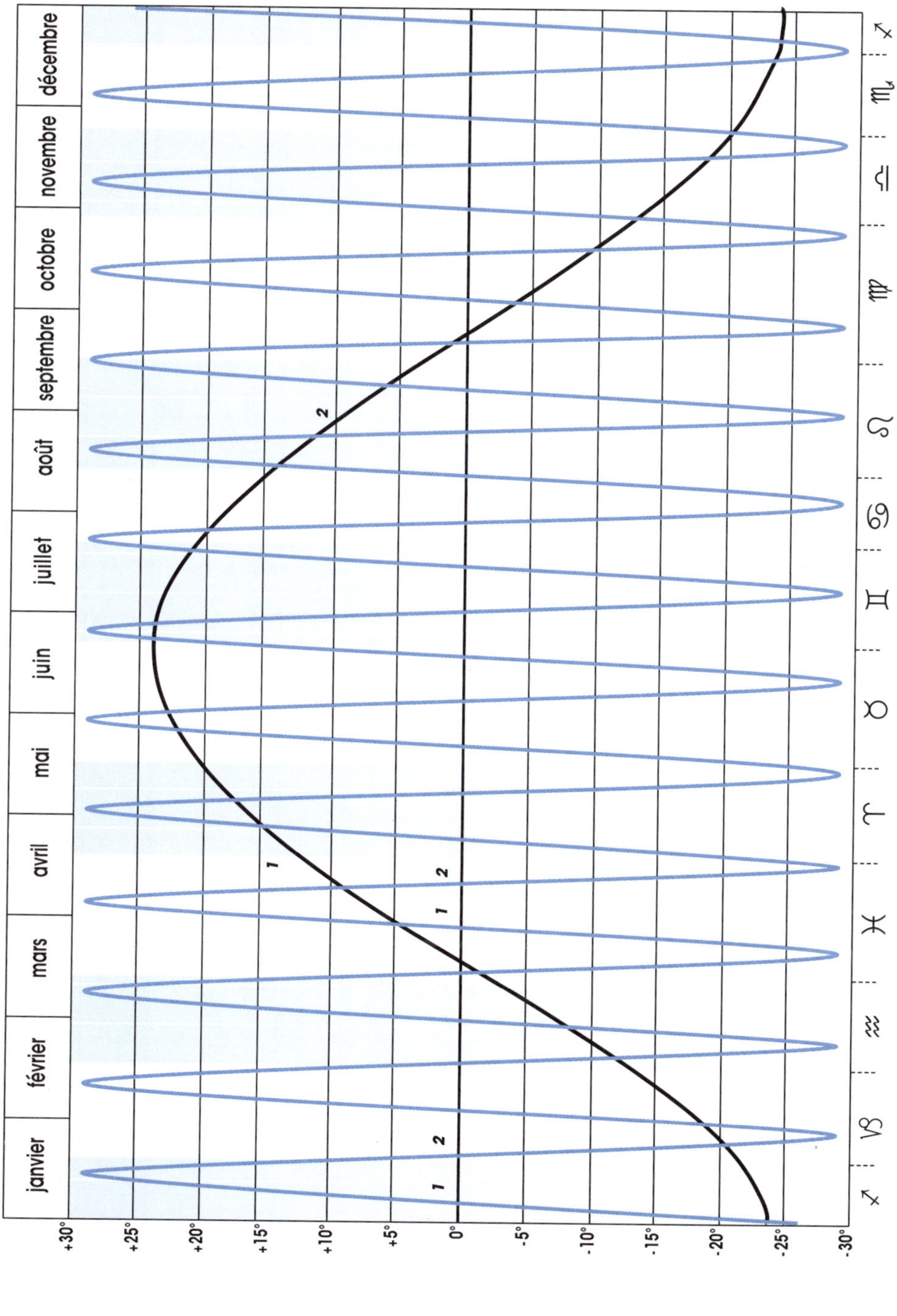

(1) : printemps solaire ; (1) : printemps lunaire. (2) : automne solaire ; (2) : automne lunaire.

Janvier 2023

Jour	coeff. marée	
1 dim. ☊	51	50
2 lun.	51	52
3 mar.	54	57
4 mer.	59	62
5 jeu.	65	67
6 ven.	69	71
7 sam.	73	74
8 dim. ap.	74	74
9 lun.	74	74
10 mar.	73	71
11 mer.	69	67
12 jeu.	65	62
13 ven.	59	56
14 sam.	53	50
15 dim.	47	45
16 lun. ☋	44	-
17 mar.	44	46
18 mer.	49	54
19 jeu.	59	66
20 ven.	72	79
21 sam. pér.	85	91
22 dim.	96	100
23 lun.	103	105
24 mar.	105	103
25 mer.	101	97
26 jeu.	91	85
27 ven.	78	71
28 sam. ☊	64	57
29 dim.	50	45
30 lun.	40	-
31 mar.	38	38

Précipitations (jour | cumul) — Températures (mini. | maxi.) — Vent — Pression hPa — Qualité du temps

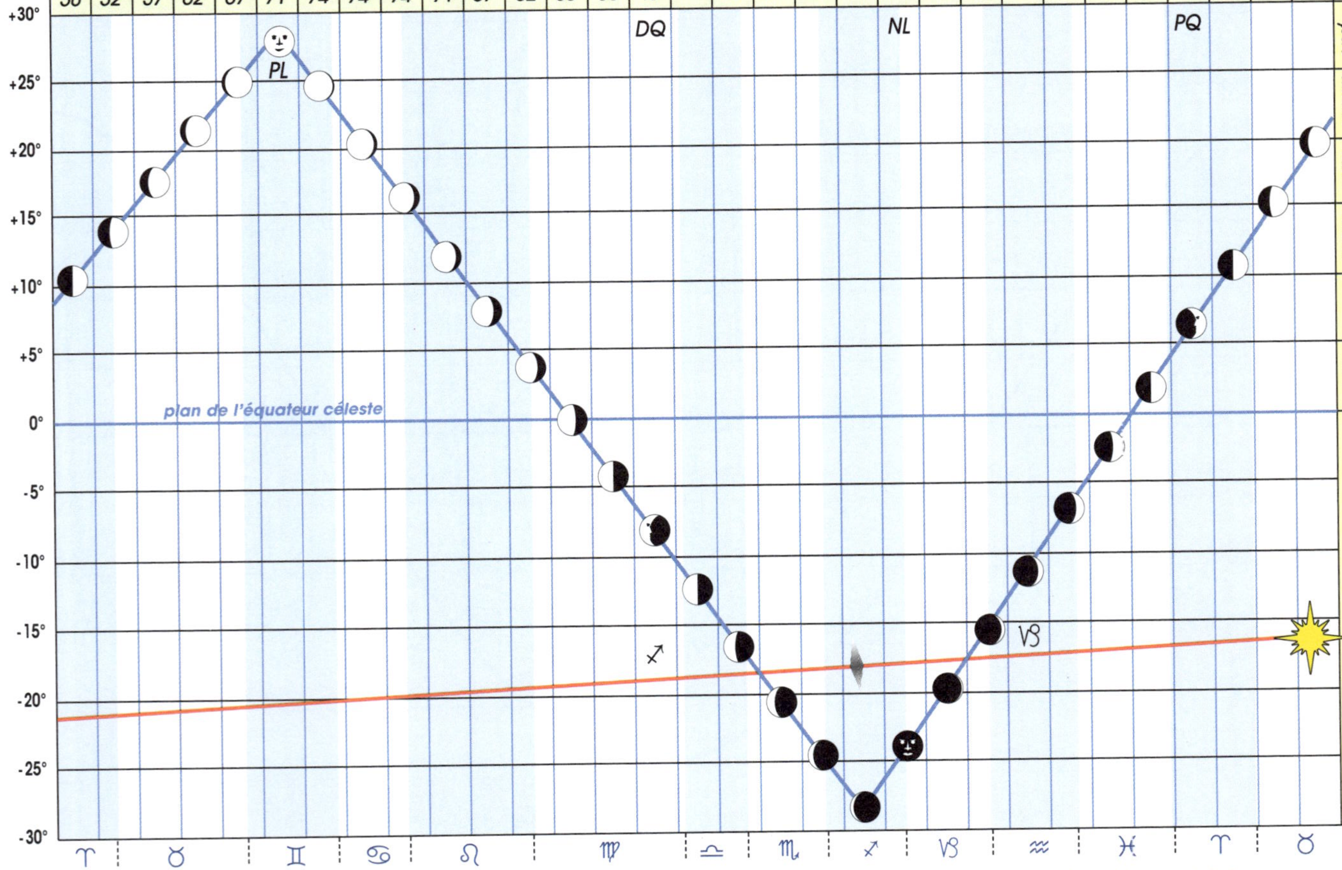

En rouge : courbe et passage du Soleil devant le Sagittaire et le Capricorne. En bleu : courbe et passage de la Lune devant les constellations.

Les nœuds lunaires ascendants ou descendants et les périodes de lunes montantes ou descendantes correspondent à des notions différentes. Ainsi peut-on avoir un nœud descendant en période de lune montante et inversement.

Février 2023

Jour	coeff. marée	
1 mer.	40	43
2 jeu.	47	52
3 ven.	56	61
4 sam. ap.	65	69
5 dim.	72	75
6 lun.	78	80
7 mar.	81	82
8 mer.	82	82
9 jeu.	81	80
10 ven.	78	75
11 sam.	72	68
12 dim. ☋	63	59
13 lun.	54	49
14 mar.	45	41
15 mer.	40	-
16 jeu.	42	46
17 ven.	52	60
18 sam.	69	77
19 dim. pér.	86	93
20 lun.	100	105
21 mar.	109	111
22 mer.	112	110
23 jeu.	107	103
24 ven. ☊	97	90
25 sam.	82	73
26 dim.	65	56
27 lun.	47	40
28 mar.	33	29

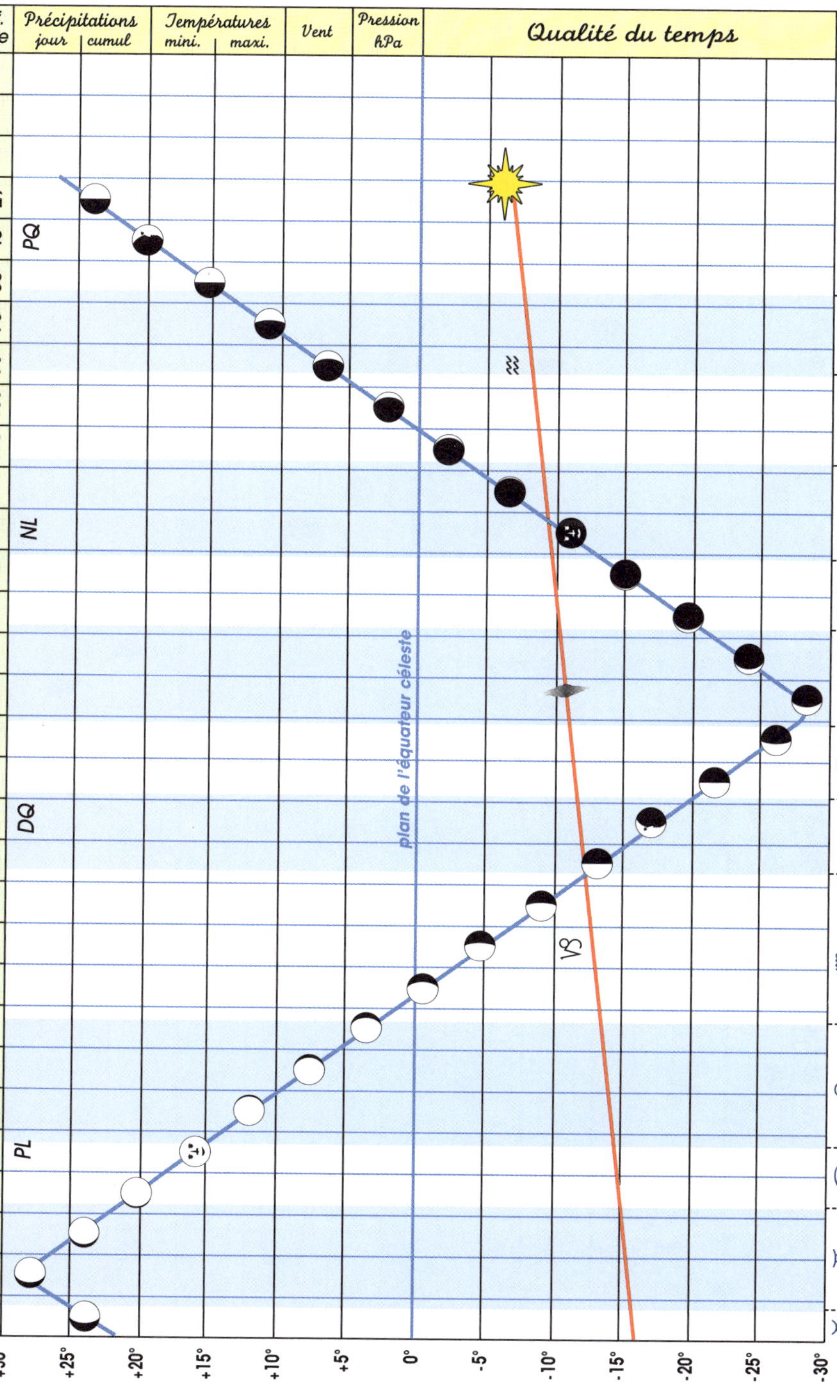

En rouge : courbe et passage du Soleil devant le Capricorne et le Verseau. En bleu : courbe et passage de la Lune devant les constellations.

Les nœuds lunaires ascendants ou descendants et les périodes de lunes montantes ou descendantes correspondent à des notions différentes. Ainsi peut-on avoir un nœud descendant en période de lune montante et inversement.

Mars 2023

Jour	coeff. marée	
1 mer.	-	28
2 jeu.	30	34
3 ven. ap.	40	46
4 sam.	52	58
5 dim.	64	69
6 lun.	74	78
7 mar.	81	85
8 mer.	87	89
9 jeu.	90	90
10 ven.	90	88
11 sam. ☋	86	83
12 dim.	79	74
13 lun.	69	63
14 mar.	57	50
15 mer.	44	39
16 jeu.	37	-
17 ven.	38	43
18 sam.	51	60
19 dim. pér.	70	79
20 lun.	88	95
21 mar.	102	106
22 mer.	109	111
23 jeu.	110	108
24 ven. ☊	105	100
25 sam.	94	87
26 dim.	79	71
27 lun.	63	54
28 mar.	46	38
29 mer.	31	26
30 jeu.	-	24
31 ven. ap.	26	30

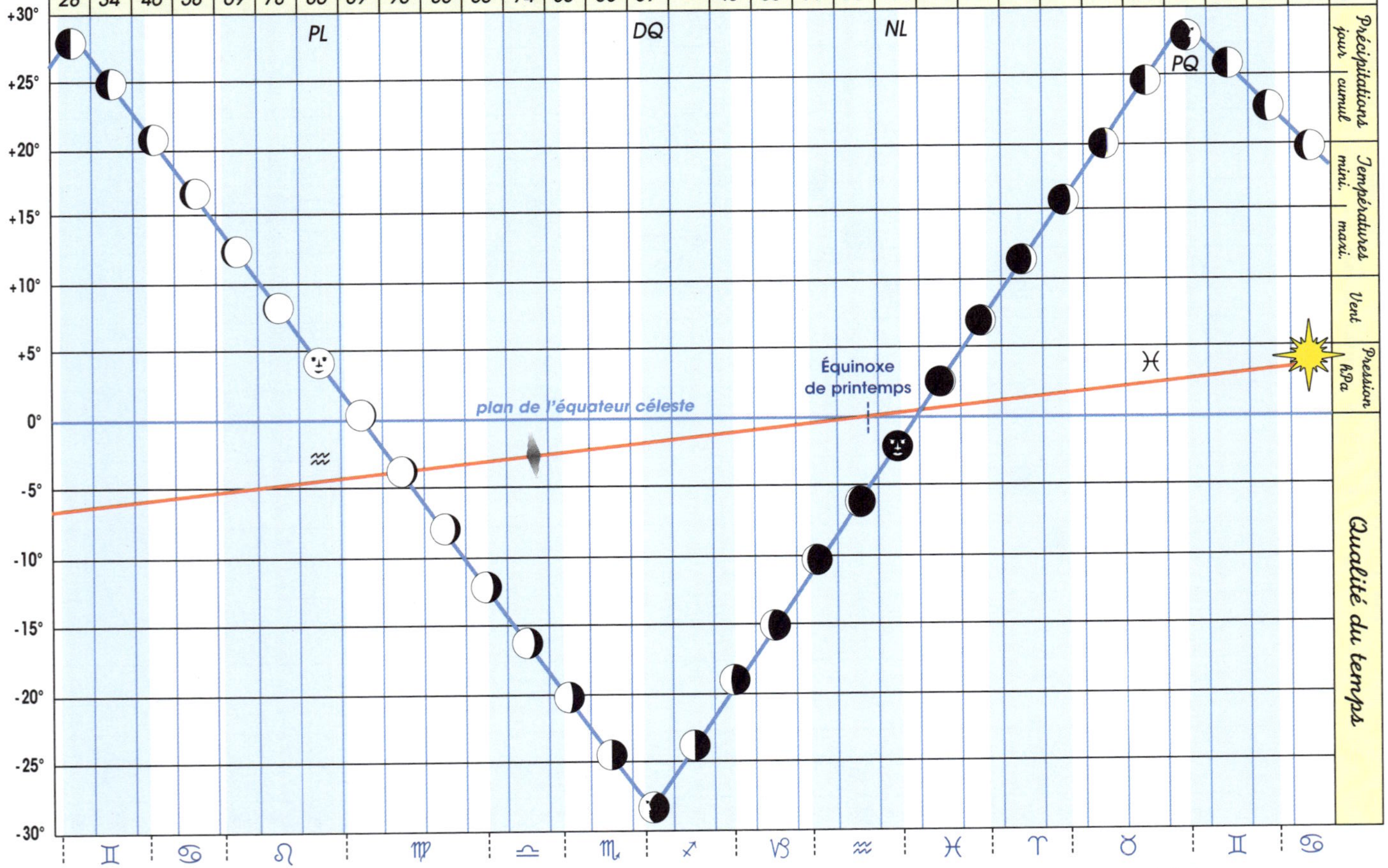

En rouge : courbe et passage du Soleil devant le Verseau et les Poissons. En bleu : courbe et passage de la Lune devant les constellations.

Les nœuds lunaires ascendants ou descendants et les périodes de lunes montantes ou descendantes correspondent à des notions différentes. Ainsi peut-on avoir un nœud descendant en période de lune montante et inversement.

Avril 2023

Jour	coeff. marée		Lune
1 sam.	36	42	
2 dim.	49	55	
3 lun.	61	67	
4 mar.	73	78	
5 mer.	82	86	
6 jeu.	88	91	PL
7 ven. ☋	92	93	
8 sam.	92	91	
9 dim.	89	85	
10 lun.	81	76	
11 mar.	70	63	
12 mer.	57	50	
13 jeu.	44	40	DQ
14 ven.	-	39	
15 sam.	42	48	
16 dim. pér.	56	64	
17 lun.	72	80	
18 mar.	87	92	
19 mer.	97	100	
20 jeu. ☊	101	102	NL Éclipse ⊙
21 ven.	101	99	
22 sam.	95	91	
23 dim.	86	80	
24 lun.	74	67	
25 mar.	60	53	
26 mer.	46	40	
27 jeu.	34	29	PQ
28 ven. ap.	-	27	
29 sam.	27	29	
30 dim.	34	39	

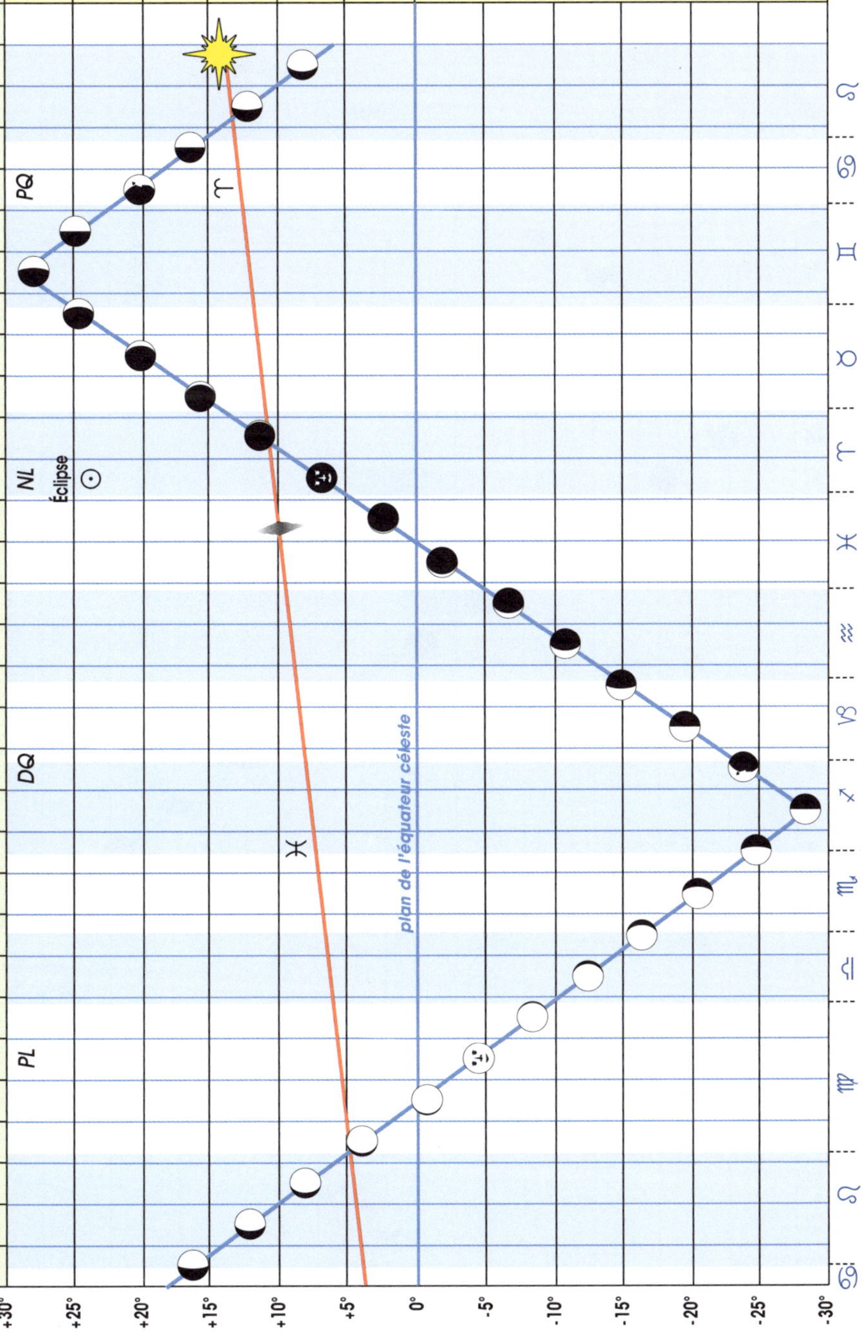

En rouge : courbe et passage du Soleil devant les Poissons et le Bélier. En bleu : courbe et passage de la Lune devant les constellations.

Les nœuds lunaires ascendants ou descendants et les périodes de lunes montantes ou descendantes correspondent à des notions différentes. Ainsi peut-on avoir un nœud descendant en période de lune montante et inversement.

Mai 2023

Jour	coeff. marée	
1 lun.	45	51
2 mar.	57	63
3 mer.	68	73
4 jeu. ☋	78	82
5 ven.	85	88
6 sam.	90	90
7 dim.	90	90
8 lun.	88	85
9 mar.	81	76
10 mer.	71	65
11 jeu. pér.	60	54
12 ven.	51	48
13 sam.	-	48
14 dim.	50	54
15 lun.	59	64
16 mar.	70	74
17 mer. ☊	79	82
18 jeu.	85	86
19 ven.	87	87
20 sam.	87	85
21 dim.	83	80
22 lun.	77	73
23 mar.	69	65
24 mer.	60	55
25 jeu.	50	46
26 ven. ap.	41	38
27 sam.	35	34
28 dim.	-	34
29 lun.	35	38
30 mar.	42	46
31 mer.	51	56

Précipitations (jour / cumul)	Températures (mini. / maxi.)	Vent	Pression hPa	Qualité du temps

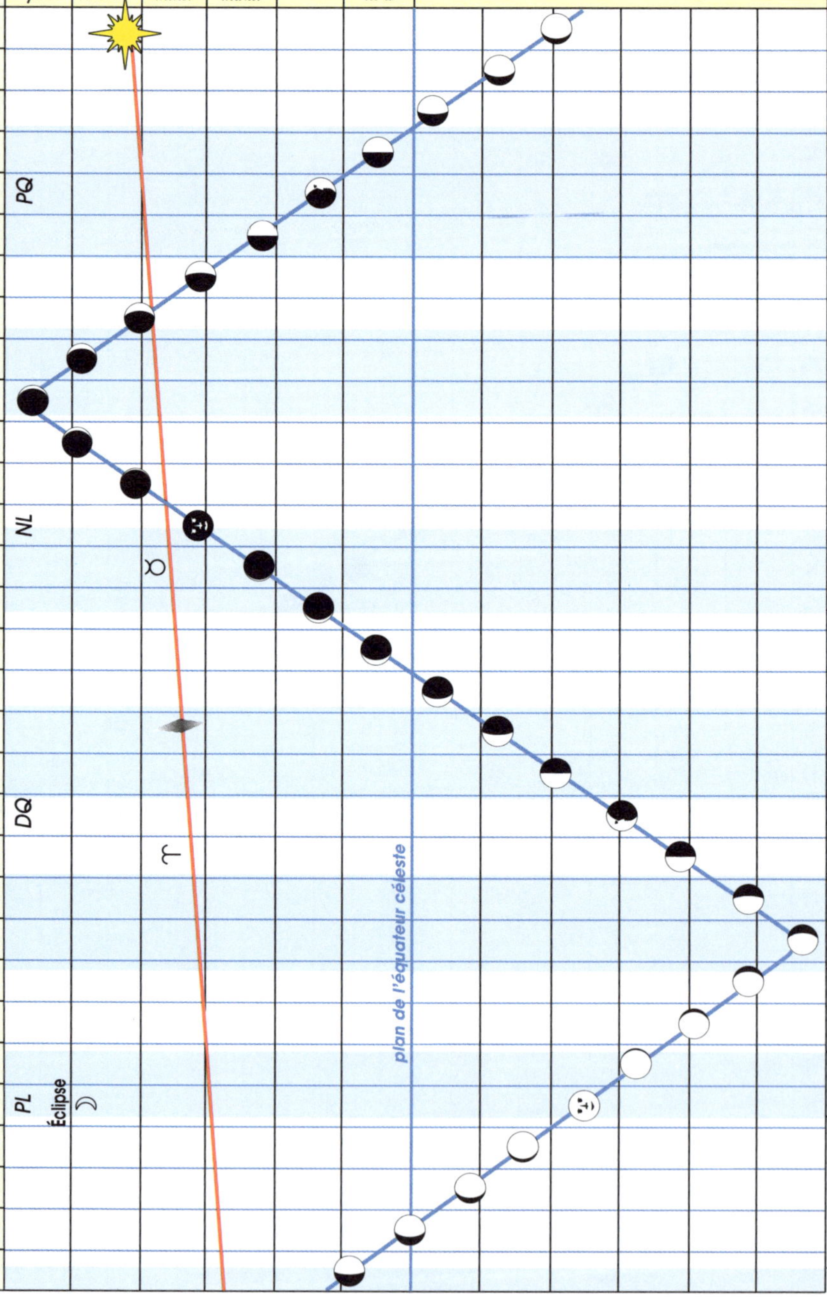

En rouge : courbe et passage du Soleil devant le Bélier et le Taureau. En bleu : courbe et passage de la Lune devant les constellations.

Les nœuds lunaires ascendants ou descendants et les périodes de lunes montantes ou descendantes correspondent à des notions différentes. Ainsi peut-on avoir un nœud descendant en période de lune montante et inversement.

Juin 2023

	1 jeu. ☋	2 ven.	3 sam.	4 dim.	5 lun.	6 mar. pér.	7 mer.	8 jeu.	9 ven.	10 sam.	11 dim.	12 lun.	13 mar.	14 mer. ☊	15 jeu.	16 ven.	17 sam.	18 dim.	19 lun.	20 mar.	21 mer.	22 jeu. ap.	23 ven.	24 sam.	25 dim.	26 lun.	27 mar.	28 mer. ☋	29 jeu.	30 ven.
coeff. marée	61	71	79	84	87	87	84	77	70	63	-	57	58	62	66	70	72	74	74	72	69	64	58	53	47	43	-	42	46	53
	66	75	82	86	88	86	81	73	66	60	58	57	60	64	68	71	73	74	73	70	66	61	56	50	45	42	41	43	49	58

Précipitations: jour | cumul — Températures: mini. | maxi. — Vent — Pression hPa — Qualité du temps

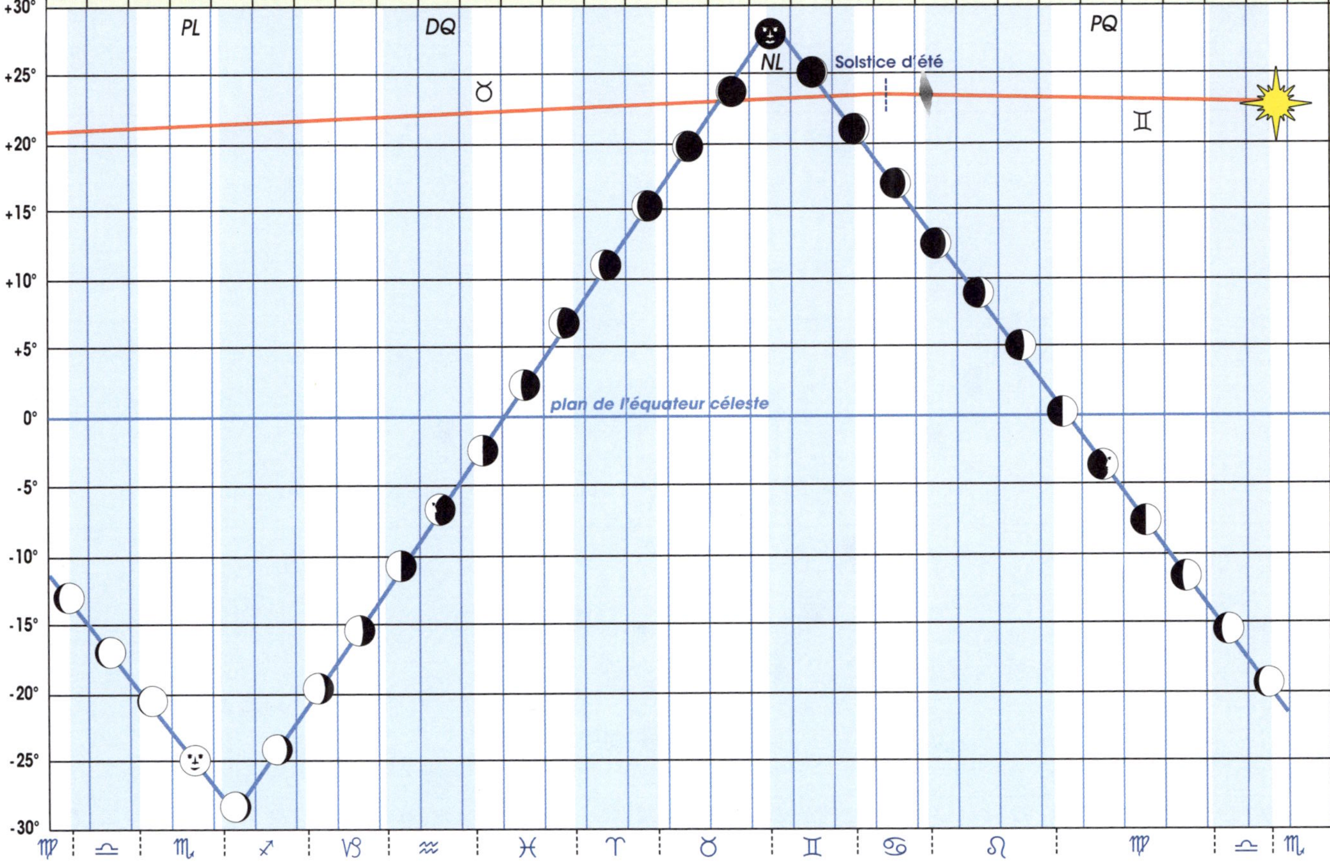

En rouge : courbe et passage du Soleil devant le Taureau et les Gémeaux. En bleu : courbe et passage de la Lune devant les constellations.

Les nœuds lunaires ascendants ou descendants et les périodes de lunes montantes ou descendantes correspondent à des notions différentes. Ainsi peut-on avoir un nœud descendant en période de lune montante et inversement.

Juillet 2023

Jour			coeff. marée		Phase
1	sam.		62	67	
2	dim.		72	77	
3	lun.		81	85	PL
4	mar.	pér.	88	90	
5	mer.		92	93	
6	jeu.		93	92	
7	ven.		89	86	
8	sam.		83	78	
9	dim.		74	69	
10	lun.		64	59	DQ
11	mar.	☊	-	56	
12	mer.		53	51	
13	jeu.		50	51	
14	ven.		52	54	
15	sam.		57	59	
16	dim.		62	65	
17	lun.		67	69	NL
18	mar.		71	72	
19	mer.		73	73	
20	jeu.	ap.	73	73	
21	ven.		72	71	
22	sam.		69	67	
23	dim.		65	62	
24	lun.		59	56	
25	mar.	☋	52	49	PQ
26	mer.		46	44	
27	jeu.		-	42	
28	ven.		42	43	
29	sam.		45	50	
30	dim.		55	62	
31	lun.		68	75	

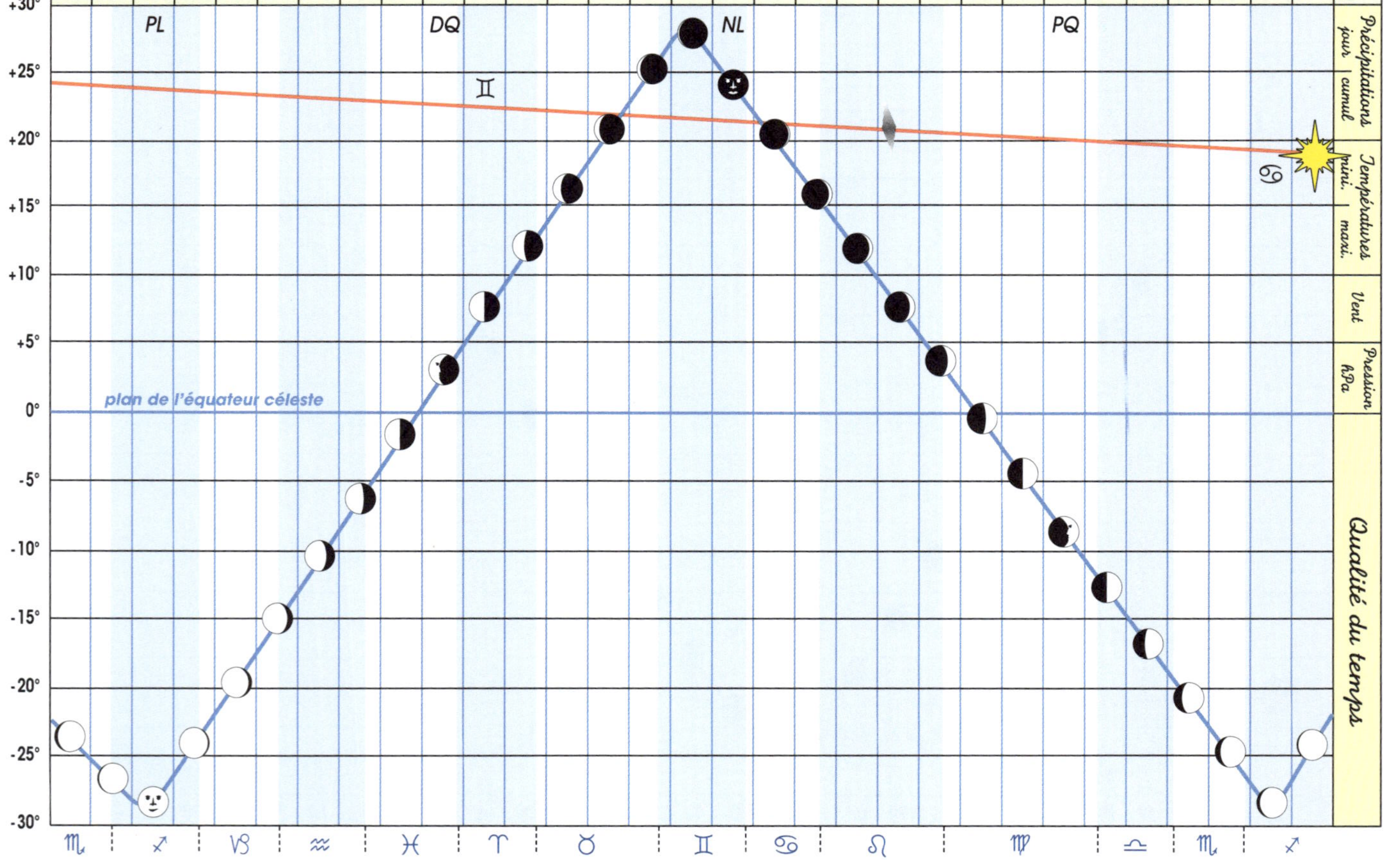

En rouge : courbe et passage du Soleil devant les Gémeaux et le Cancer. En bleu : courbe et passage de la Lune devant les constellations.

Les nœuds lunaires ascendants ou descendants et les périodes de lunes montantes ou descendantes correspondent à des notions différentes. Ainsi peut-on avoir un nœud descendant en période de lune montante et inversement.

Août 2023

Jour	coeff. marée		Précipitations jour / cumul	Températures mini. / maxi.	Vent	Pression hPa	Qualité du temps
1 mar.	82	88	PL				
2 mer. pér.	93	98					
3 jeu.	102	104					
4 ven.	104	104					
5 sam.	101	97					
6 dim.	92	86					
7 lun. ☊	79	72					
8 mar.	64	57	DQ				
9 mer.	50	-					
10 jeu.	44	40					
11 ven.	38	39					
12 sam.	41	45					
13 dim.	49	54					
14 lun.	59	63					
15 mar.	67	70					
16 mer. ap.	74	76	NL				
17 jeu.	78	80					
18 ven.	81	81					
19 sam.	81	80					
20 dim.	79	77					
21 lun. ☋	74	71					
22 mar.	68	64					
23 mer.	59	54					
24 jeu.	49	44	PQ				
25 ven.	40	-					
26 sam.	37	37					
27 dim.	40	45					
28 lun.	52	61					
29 mar.	70	79					
30 mer. pér.	87	95					
31 jeu.	102	107	PL				

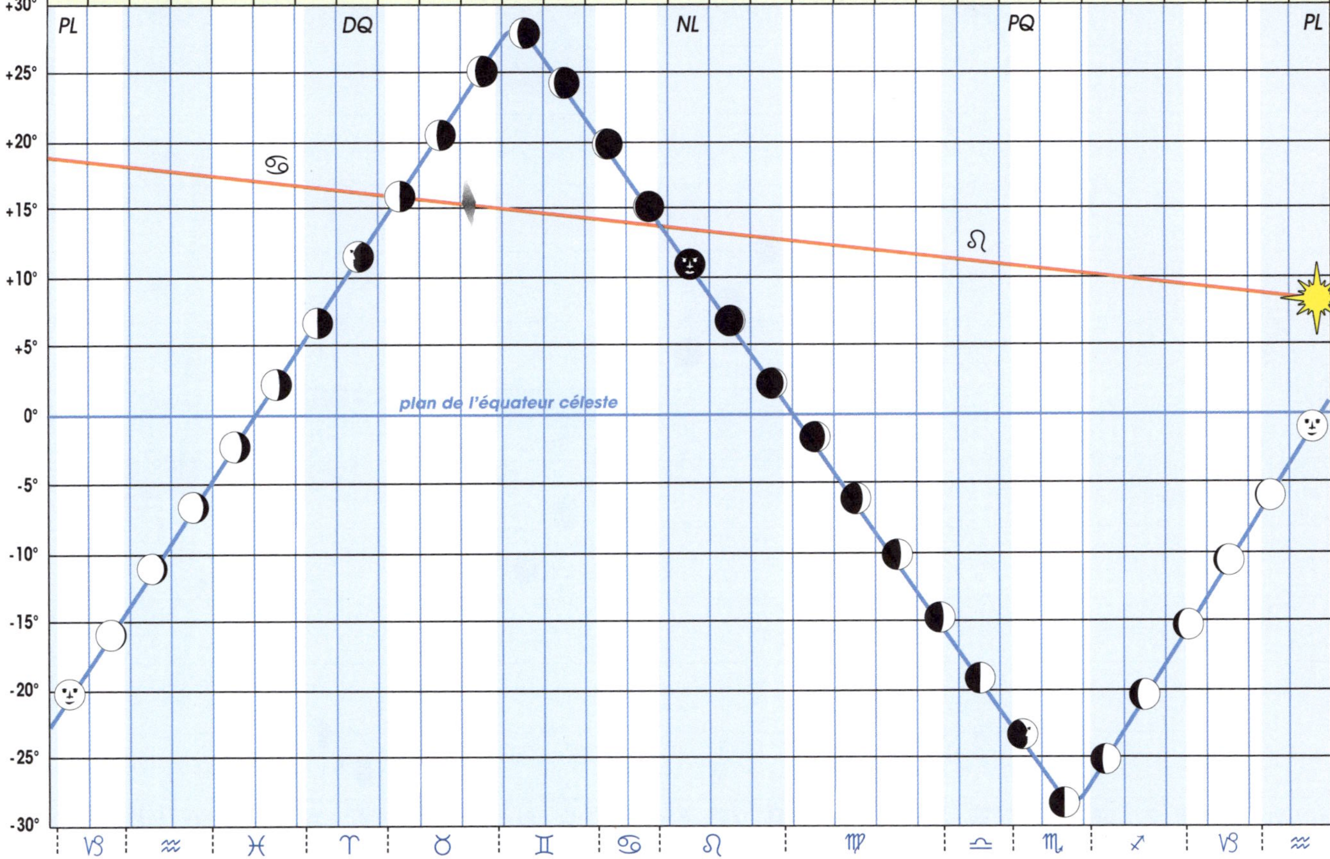

En rouge : courbe et passage du Soleil devant le Cancer et le Lion. En bleu : courbe et passage de la Lune devant les constellations.

Les nœuds lunaires ascendants ou descendants et les périodes de lunes montantes ou descendantes correspondent à des notions différentes.
Ainsi peut-on avoir un nœud descendant en période de lune montante et inversement.

Septembre 2023

	1 ven.	2 sam.	3 dim. ☊	4 lun.	5 mar.	6 mer.	7 jeu.	8 ven.	9 sam.	10 dim.	11 lun.	12 mar. ap.	13 mer.	14 jeu.	15 ven.	16 sam.	17 dim. ☋	18 lun.	19 mar.	20 mer.	21 jeu.	22 ven.	23 sam.	24 dim.	25 lun.	26 mar.	27 mer.	28 jeu. pér.	29 ven.	30 sam. ☊
coeff. marée	110	112	107	95	79	61	44	-	30	35	47	59	69	77	83	86	87	85	80	72	61	49	38	-	39	55	75	93	105	112
	112	110	101	87	70	52	37	32	31	40	53	64	73	80	85	87	87	83	77	67	56	43	35	35	47	65	84	100	110	112

Précipitations (jour | cumul) — Températures (mini. | maxi.) — Vent — Pression hPa — Qualité du temps

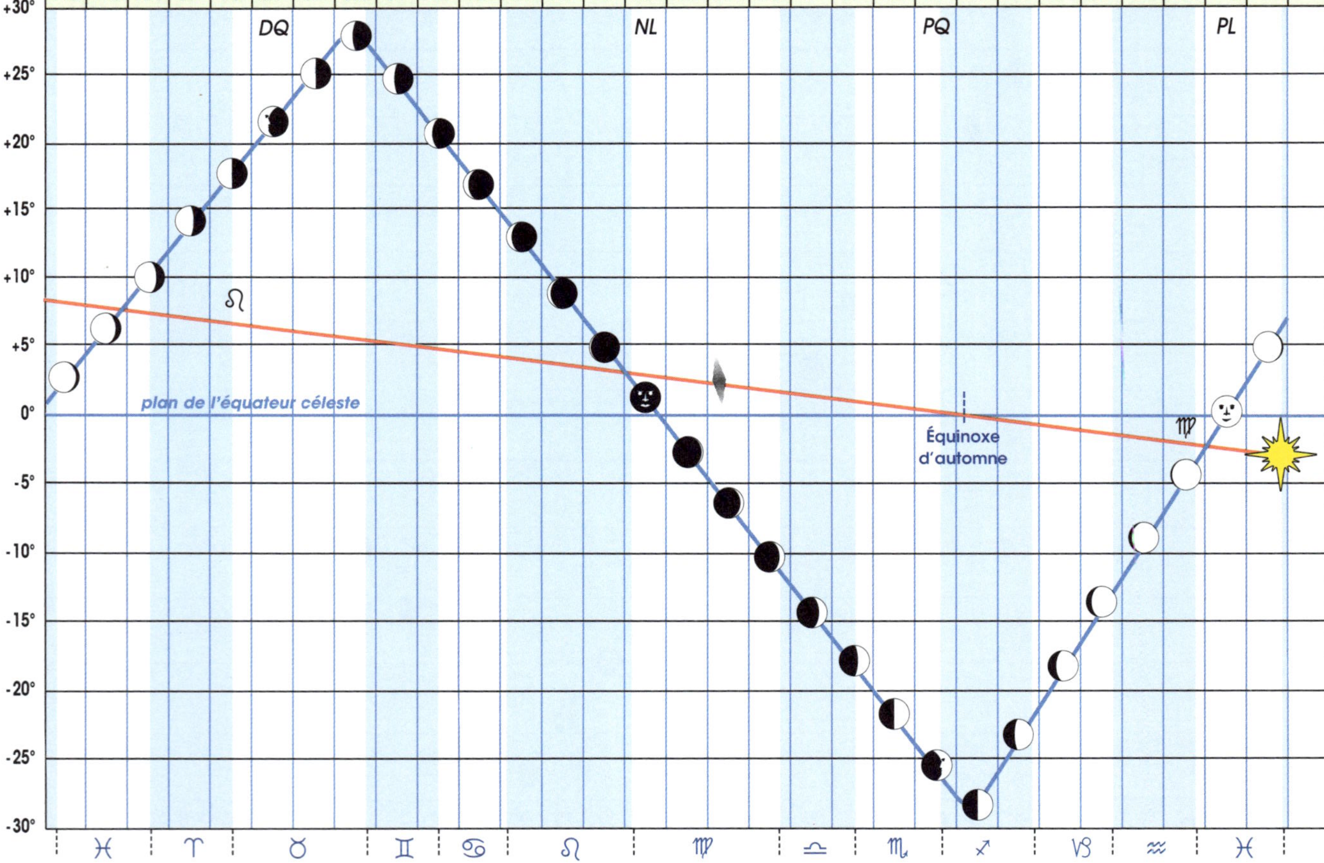

En rouge : courbe et passage du Soleil devant le Lion et la Vierge. En bleu : courbe et passage de la Lune devant les constellations.

Les nœuds lunaires ascendants ou descendants et les périodes de lunes montantes ou descendantes correspondent à des notions différentes.
Ainsi peut-on avoir un nœud descendant en période de lune montante et inversement.

Octobre 2023

Jour	coeff. marée		Lune
1 dim.	111	108	
2 lun.	104	98	
3 mar.	91	83	
4 mer.	75	66	
5 jeu.	57	48	
6 ven.	40	33	DQ
7 sam.	28	-	
8 dim.	26	28	
9 lun.	32	38	
10 mar. ap.	44	50	
11 mer.	57	62	
12 jeu.	68	73	
13 ven.	77	81	
14 sam.	84	86	NL Éclipse ☉
15 dim. ☋	88	89	
16 lun.	89	88	
17 mar.	87	85	
18 mer.	82	78	
19 jeu.	73	68	
20 ven.	62	56	
21 sam.	50	44	
22 dim.	40	38	PQ
23 lun.	-	40	
24 mar.	45	52	
25 mer.	60	69	
26 jeu. pér.	77	85	
27 ven.	91	97	
28 sam. ☊	101	103	PL Éclipse ☽
29 dim.	104	104	
30 lun.	102	99	
31 mar.	95	90	

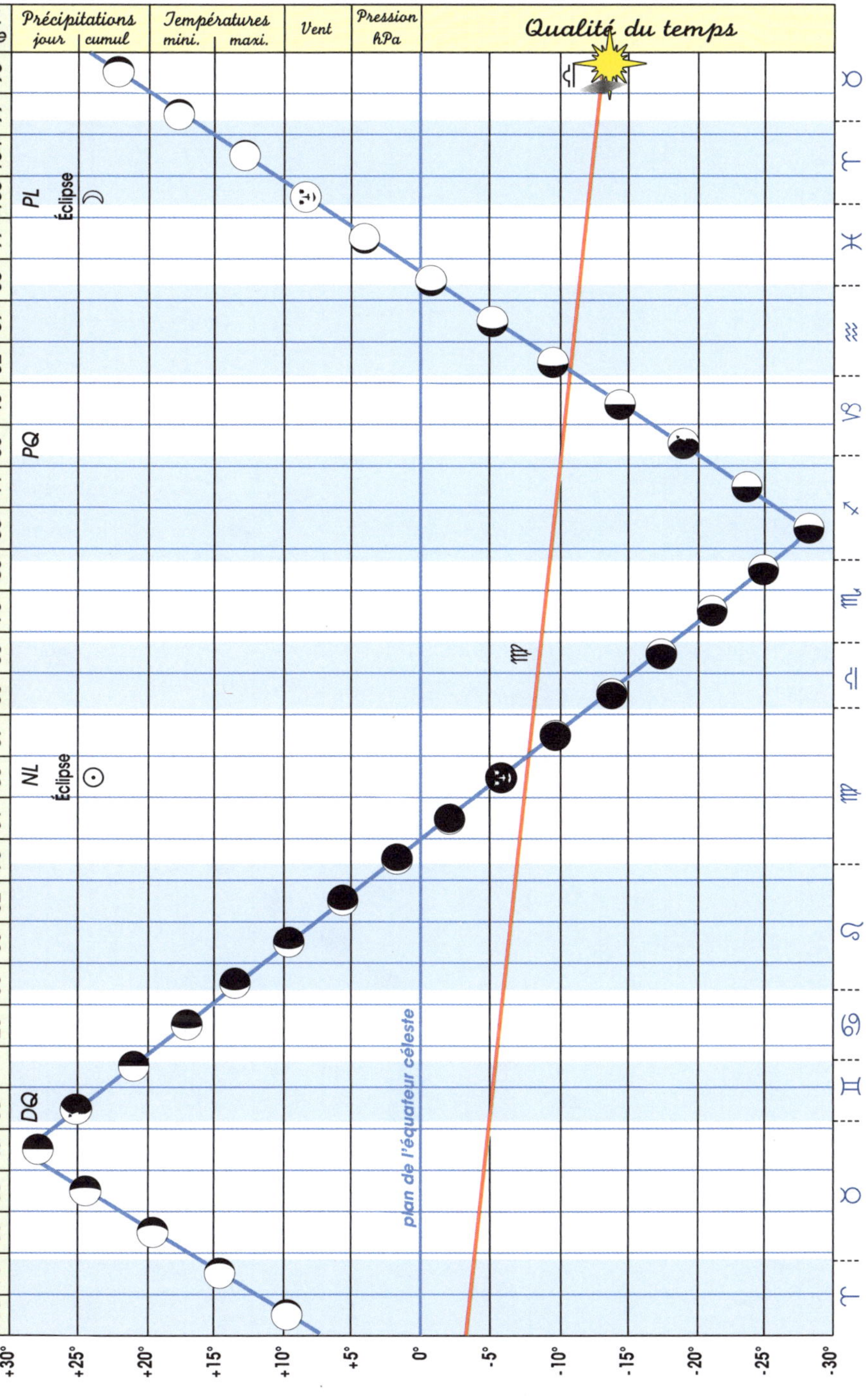

En rouge : courbe et passage du Soleil devant la Vierge et la Balance. En bleu : courbe et passage de la Lune devant les constellations.

Les nœuds lunaires ascendants ou descendants et les périodes de lunes montantes ou descendantes correspondent à des notions différentes. Ainsi peut-on avoir un nœud descendant en période de lune montante et inversement.

Novembre 2023

Jour	coeff. marée	
1 mer.	84	77
2 jeu.	71	63
3 ven.	56	48
4 sam.	42	36
5 dim.	31	29
6 lun. ap.	29	-
7 mar.	31	35
8 mer.	40	45
9 jeu.	51	56
10 ven.	62	66
11 sam. ☋	71	75
12 dim.	79	82
13 lun.	84	86
14 mar.	87	87
15 mer.	86	84
16 jeu.	82	79
17 ven.	75	71
18 sam.	66	61
19 dim.	56	52
20 lun.	49	48
21 mar. pér.	49	-
22 mer.	52	56
23 jeu.	61	67
24 ven. ☊	72	77
25 sam.	81	85
26 dim.	88	89
27 lun.	90	90
28 mar.	89	87
29 mer.	85	82
30 jeu.	78	74

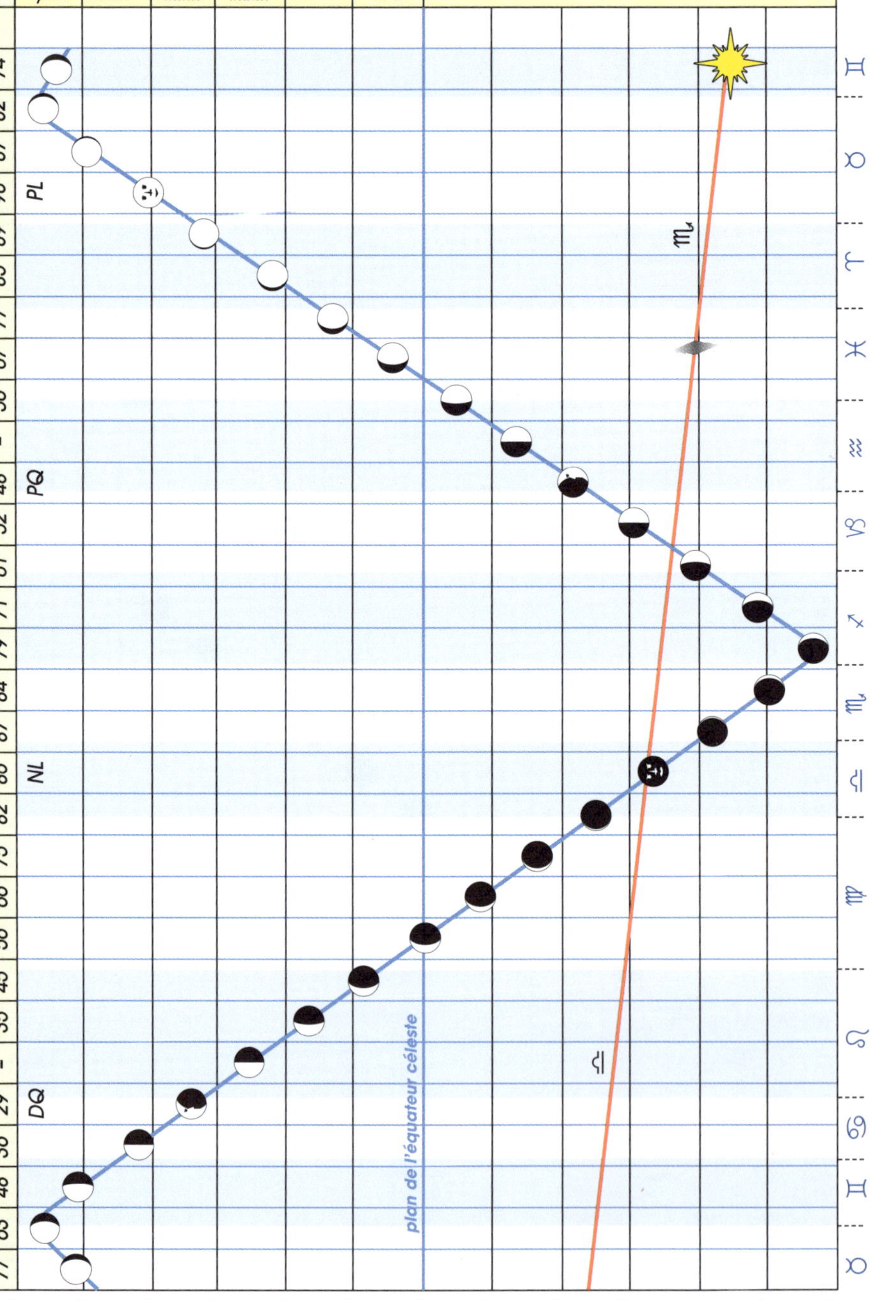

En rouge : courbe et passage du Soleil devant la Balance et le Scorpion. En bleu : courbe et passage de la Lune devant les constellations.

Les nœuds lunaires ascendants ou descendants et les périodes de lunes montantes ou descendantes correspondent à des notions différentes. Ainsi peut-on avoir un nœud descendant en période de lune montante et inversement.

Décembre 2023

Jour	coeff. marée		Précipitations jour	Précipitations cumul	Températures mini.	Températures maxi.	Vent	Pression hPa	Qualité du temps
1 ven.	69	64							
2 sam.	60	54							
3 dim.	50	45							
4 lun. ap.	41	38							
5 mar.	36	35							
6 mer.	35	-							
7 jeu.	36	39							
8 ven. ☋	43	47							
9 sam.	51	56							
10 dim.	61	65							
11 lun.	70	73							
12 mar.	77	80							
13 mer.	82	84							
14 jeu.	85	86							
15 ven.	85	84							
16 sam. pér.	83	80							
17 dim.	77	74							
18 lun.	71	67							
19 mar.	64	61							
20 mer.	59	57							
21 jeu. ☊	57	-							
22 ven.	57	59							
23 sam.	61	63							
24 dim.	66	69							
25 lun.	71	74							
26 mar.	75	77							
27 mer.	78	78							
28 jeu.	78	78							
29 ven.	77	75							
30 sam.	73	71							
31 dim.	68	65							

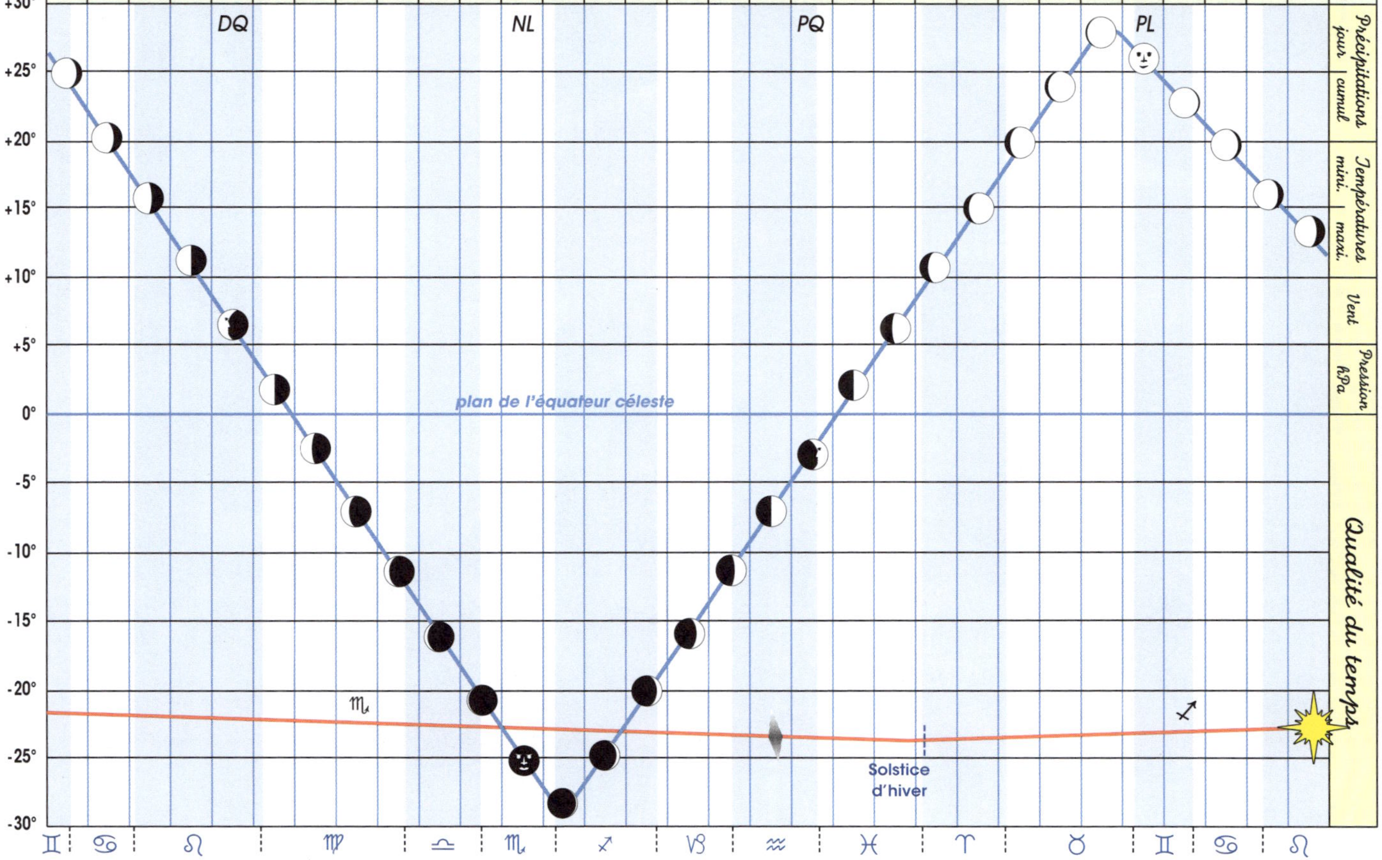

En rouge : courbe et passage du Soleil devant le Scorpion et le Sagittaire. En bleu : courbe et passage de la Lune devant les constellations.

Les nœuds lunaires ascendants ou descendants et les périodes de lunes montantes ou descendantes correspondent à des notions différentes. Ainsi peut-on avoir un nœud descendant en période de lune montante et inversement.

Les tableaux des cultures

LES TABLEAUX ANNUELS

Les tableaux annuels de culture donnent les meilleures dates de l'année pour semer, planter, tailler en suivant la Lune. À vous de décider du mode de culture, sous abri ou en pleine terre, selon le climat de votre jardin. Seul le calendrier (pp. 40-87) apporte toutes les précisions lunaires (notamment les horaires). Aux dates entourées, vous trouverez dans la partie calendrier quelques explications concernant le geste à effectuer.
Les températures du sol correspondent aux semis en pleine terre (sauf indication contraire).
Elles doivent être plus élevées pour les semis précoces effectués en terrines.
Les dates de récoltes ne peuvent pas être suivies en permanence.
Privilégiez-les pour les conserves.

AU POTAGER : les légumes-fleurs

- Semez et plantez en serre, sous abri ou en pleine terre selon la saison et le climat de votre jardin.
- Semez en Lune montante en Verseau ♒.
- Plantez, binez, buttez en Lune descendante en Gémeaux ♊ ou en Balance ♎.

	jan.	fév.	mars	avril	mai	juin	juil.	août	sept.	oct.	nov.	déc.
Artichaut												
• Débuttez. Conservez 2 œilletons par pied.		3 . 13	2 . 12 . 29	8 . 26					9 . 19	6 . 16		
• Plantez.		3 . 13	2 . 12 . 29	8 . 26					9 . 19	6 . 16		
• Arrosez, enrichissez, binez.			2 . 12 . 29	8 . 26	6 . 23	2 . 19 . 29	16 . 27	13 . 23	9 . 19			
• Récoltez.					13	9	7	3 . 31	27	24		
• Rabattez, buttez, couvrez.										6 . 16	3 . 13 . 30	10 . 28
Chou brocoli												
• Semez (sol à 15 °C*).		20	20	17	13	9	7					
• Arrosez en douceur, repiquez, plantez, binez.			2 . 12 . 29	8 . 26	6 . 23	2 . 19 . 29	16 . 27	13 . 23	9 . 19	6. 16		
• Récoltez.							7	3 . 31	27	24	20	
Chou-fleur												
• Semez (sol à 15 °C*).	24	20	20	17	13	9						
• Arrosez régulièrement, repiquez, plantez, binez.		3 . 13	2 . 12 . 29	8 . 26	6 . 23	2 . 19 . 29	16 . 27	13 . 23	9 . 19	6 . 16		
• Récoltez.			20	17	13	9	7	3 . 31	27	24	20	

La culture du légume est expliquée à la date encerclée.

* Température idéale du sol pour une bonne germination.

AU POTAGER : les légumes-feuilles

- Semez et plantez en serre, sous abri ou en pleine terre selon la saison et le climat de votre jardin.
- Semez en Lune montante en Poissons ♓.
- Plantez, binez, buttez en Lune descendante en Cancer ♋ ou en Scorpion ♏.

	jan.	fév.	mars	avril	mai	juin	juil.	août	sept.	oct.	nov.	déc.
Asperge												
• Préparez et enrichissez le sol.	9 . 18	5 . 14								8 . 18	4 . 14	
• Plantez des griffes de 1 ou 2 ans.			4 . 14	10 . 27								
• Binez, buttez.			4 . 14	10 . 27								
• Récoltez les anciennes plantations.				18	15							
• Coupez, brûlez, débuttez, apportez du compost.										8 . 18	4 . 14	
Cardon												
• Préparez et enrichissez le sol.			4 . 14	10 . 27						8 . 18	4 . 14	
• Semez (sol à 10 °C*).					15							
• Éclaircissez, binez, arrosez.						3 . 21	1 . 18 . 28	14 . 25	11 . 21			
• Buttez, blanchissez.								14 . 25	11 . 21	8 . 18	4 . 14	
• Récoltez.									2 . 29	27	23	20
Céleri à côtes												
• Préparez et enrichissez le sol.		5 . 14	4 . 14									
• Semez (sol à 12 °C*).			22	18	15							
• Repiquez, plantez, binez.				10 . 27	7 . 25	3 . 21	1 . 18 . 28	14 . 25	11 . 21			
• Buttez, blanchissez.						3 . 21	1 . 18 . 28	14 . 25	11 . 21	8 . 18	4 . 14	
• Récoltez.								5	2 . 29	27	23	20
Endive												
• Replantez, forcez. Établissez plusieurs vagues de forçage selon vos besoins.	9 . 18	5 . 14	4 . 14							18	4 . 14	2 . 12 . 29
Épinard												
• Préparez et enrichissez le sol.	9 . 18	5 . 14					18 . 28	14 . 25	11 . 21	8 . 18	4 . 14	
• Semez (sol à 12 °C*).		22	22	18				5	2 . 29			
• Éclaircissez, binez.			4 . 14	10 . 27	7			25	11 . 21	8 . 18	4 . 14	
• Récoltez.	26	22	22	18	15					27	23	20
Fenouil doux												
• Préparez et enrichissez le sol.			4 . 14									
• Semez (sol à 12 °C*).				18	15	12	9	5				
• Éclaircissez, plantez, buttez.					7 . 25	3 . 21	1 . 18 . 28	14 . 25	11 . 21	8 . 18	4 . 14	
• Récoltez.							9	5	2 . 29	27	23	20
Poirée												
• Préparez et enrichissez le sol.			4 . 14							8 . 18	4 . 14	
• Semez (sol à 10 °C*).				18	15	12						
• Éclaircissez, binez.					7 . 25	3 . 21	1 . 18 . 28	14 . 25	11 . 21	8 . 18		
• Récoltez.			22	18	15		9	5	2 . 29	27	23	

La culture du légume est expliquée à la date encerclée.

* Température idéale du sol pour une bonne germination.

AU POTAGER : des choux toute l'année

- Semez et plantez en serre, sous abri ou en pleine terre.
- Semez en Lune montante en Poissons ♓.
- Éclaircissez, repiquez, plantez, binez en Lune descendante en Cancer ♋ ou en Scorpion ♏.

Légume	Travaux	jan.	fév.	mars	avril	mai	juin	juil.	août	sept.	oct.	nov.	déc.
Chou de Bruxelles 'Génius' 'Rubine' 'Sanda'	Préparez et enrichissez le sol.		5.14	4.14	10.27						8.18	4.14	
	Semez en pépinière.			22	18	15							
	Repiquez en pépi., entretenez.				10.27	7.25	3						
	Plantez, entretenez.				10.27	7.25	3.21	1.18.28	14.25	11.21	8.18		
	Récoltez.									29	27	23	20
Chou cabus 'Cœur de bœuf' 'Express' 'Marché de Copenhague'	Préparez et enrichissez le sol.		5.14	4.14	10.27						8.18	4.14	
	Semez à chaud.	26	22										
	Repiquez en pépi., entretenez.		5.14	4.14									
	Plantez, entretenez.			4.14	10.27	7.25	3.21	1.18.28					
	Récoltez.						12	9	5				
'de Brunswick' 'Quintal d'Alsace', 'Tête noire 3', 'Tête de pierre'	Semez en pépinière.			22	18	15				2			
	Repiquez en pépi., entretenez.				10.27	7.25	3			21			
	Plantez, entretenez.				10.27	7.25	3.21	1.18.28	14.25		8.18	4.14	
	Récoltez.							9	5	2.29	27	23	20
Chou de Chine 'Granaat' 'Monument' 'Yuki'	Préparez et enrichissez le sol.					7.25	3.21						
	Semez en place en poquet.							9	5	2.29	27		
	Éclaircissez, entretenez.							28	14.25	11.21	8.18	4.14	
	Récoltez.									2.29	27	23	20
Chou kale 'Redbor' 'Reflex' 'Vert demi-nain'	Préparez et enrichissez le sol.		5.14	4.14	10.27						8.18	4.14	
	Semez en pépi.				18	15	12						
	Repiquez en pépi., entretenez.					7.25	3.21	1.18					
	Plantez, entretenez.					7.25	3.21	1.18.28	14.25	11.21	8.18	4.14	
	Récoltez.	26	22	22							27	23	20
Chou de Milan 'de Pontoise 2' 'Gros des vertus 4' 'Wintessa'	Préparez et enrichissez le sol.		5.14	4.14	10.27						8.18	4.14	
	Semez en pépi.					15	12						
	Repiquez en pépi., entretenez.						3.21	1.18					
	Plantez, entretenez.						3.21	1.18.28	14.25	11.21	8.18	4.14	
	Récoltez.	26	22	22							27	23	20

La culture du légume est expliquée à la date encerclée.

AU POTAGER : des salades toute l'année

- Semez et plantez en serre, sous abri ou en pleine terre.
- Semez en Lune montante en Poissons ♓.
- Éclaircissez, repiquez, plantez, binez en Lune descendante en Cancer ♋ ou en Scorpion ♏.

		jan.	fév.	mars	avril	mai	juin	juil.	août	sept.	oct.	nov.	déc.
Les chicorées													
frisées													
'de Meaux'	Semez.			22	18	15	12	9					
'de Ruffec'	Repiquez, plantez, entretenez.				10.27	7.25	3.21	1.18.28	14.25	11.21	8.18	4.14	
scaroles													
'Grosse bouclée 2'	Semez.			22	18	15	12	9					
'Natacha'	Repiquez, plantez, entretenez.				10.27	7.25	3.21	1.18.28	14.25	11.21	8.18	4.14	
sauvages													
'Barbe-de-capucin'	Semez.					15	12						
'Pain-de-sucre'	Éclaircissez, entretenez.						3.21	1.18.28	14.25	11.21	8.18	4.14	
italiennes													
'Rouge de Trévise'	Semez.					15	12						
	Éclaircissez, entretenez.						3.21	1.18.28	14.25	11.21	8.18	4.14	
Les cressons													
alénois	Semez.	26	22	22	18	15	12	9	5	2.29	27	23	
de jardin	Semez.			22	18	15	12						
Les laitues													
à couper													
'Red Salad Bowl'	Semez.	26	22	22	18	15	12	9	5	2.29			
	Repiquez, plantez, entretenez.		5.14	4.14	10.27	7.25	3.21	1.18.28	14.25	11.21	8.18	4.14	
batavias													
'Rossia'	Semez.	26	22	22	18	15	12	9	5	2.29			
	Repiquez, plantez, entretenez.		5.14	4.14	10.27	7.25	3.21	1.18.28	14.25	11.21	8.18	4.14	
d'hiver													
'Brune d'hiver'	Semez.								5	2.29			
'Merveille d'hiver'	Repiq., plantez, entre.	9.18	5.14	4.14	10.27	7.25			25	11.21	8.18	4.14	2.12.21
pommées													
'Sucrine'	Semez.	26	22	22	18	15	12	9	5				
'Appia'	Repiquez, plantez, entretenez.		5.14	4.14	10.27	7.25	3.21	1.18.28	14.25	11.21	8.18		
romaines													
'Blonde maraîchère'	Semez.		22	22	18	15	12	9	5				
	Repiquez, plantez, entretenez.			4.14	10.27	7.25	3.21	1.18.28	14.25	11.21	8.18		
La mâche													
'Coquille de Louviers'	Semez.							9	5	2.29			
Le pissenlit													
'à Cœur plein amélioré'	Semez.		22	22	18	15	12						
	Arrachez, plantez.				10.27	7.25	3.21	1.18.28	14.25				
Le pourpier													
'Doré à larges feuilles'	Semez.	26	22	22	18	15	12	9	5				20
La roquette	Semez.		22	22	18	15	12	9	5	2.29			

La culture du légume est expliquée à la date encerclée.

AU POTAGER : les plantes aromatiques

- Semez et plantez en serre, sous abri ou en pleine terre selon la saison et le climat de votre jardin.
- Semez en Lune montante en Poissons ♓.
- Plantez, divisez, taillez en Lune descendante en Cancer ♋ ou en Scorpion ♏.

		jan.	fév.	mars	avril	mai	juin	juil.	août	sept.	oct.	nov.	déc.
Vivaces													
Ache	Semez.								5				
	Éclaircissez.									11.21			
	Plantez, divisez.			4.14	10.27	7.25							
	Rabattez les touffes.										8.18	4.14	
Ciboule, ciboulette	Semez.		22	22	18								
	Éclaircissez, repiquez.			4.14	10.27	7.25							
	Plantez, divisez.			4.14	10.27	7.25				11.21	8.18		
Estragon	Plantez, divisez.			4.14	10.27	7.25							
	Rabattez, protégez.										8.18	4.14	
Laurier	Plantez, taillez.			4.14	10.27	7.25				11.21	8.18		
	Bouturez.								14.25	11.21			
Mélisse	Semez.					15	12						
	Plantez, divisez.			4.14	10.27	7.25				11.21	8.18		
Menthe	Plantez, divisez.			4.14	10.27	7.25							
	Rabattez les touffes.						3.21	1.18.28			8.18	4.14	
Origan	Semez.			22	18	15				2.29			
	Plantez, divisez.			4.14	10.27	7.25				11.21	8.18		
Oseille	Semez.		22	22	18	15	12						
	Plantez, divisez.		5.14	4.14	10.27						8.18	4.14	
Romarin	Plantez.			4.14	10.27	7.25							
	Bouturez.				10.27	7.25			14.25	11.21			
Sarriette	Plantez.			4.14	10.27	7.25				11.21			
	Bouturez.								14.25	11.21			
Sauge	Plantez, taillez.			4.14	10.27	7.25							
	Bouturez.								14.25	11.21			
Thym	Semez.				18	15							
	Plantez, divisez.				10.27	7.25				11.21	8.18		
	Taillez.						3.21	1.18.28					
Les annuelles													
Aneth	Semez clair.				18	15	12						
Basilic	Semez sous abri.			22	18								
	Plantez.				10.27	7.25							
Cerfeuil	Semez sous abri.	26	22								27		
	Semez au soleil.			22	18					2.29			
	Semez à l'ombre.					15	12	9	5				
	Éclaircissez, coupez les fleurs.		5.14	4.14	10.27	7.25	3.21	1.18.28	14.25	11.21	8.18	4.14	
Coriandre	Semez.				18	15	12			2.29			
Marjolaine	Semez.			22	18	15				2.29			
Persil	Semez.		22	22	18	15	12	9	5	2.29			
	Éclaircissez, coupez les fleurs.			4.14	10.27	7.25	3.21	1.18.28	14.25	11.21	8.18		

La culture du légume est expliquée à la date encerclée.

AU POTAGER : les légumes-racines

- Semez et plantez en serre, sous abri ou en pleine terre selon la saison et le climat de votre jardin.
- Semez en Lune montante en Taureau ♉ ou en Capricorne ♑.
- Effectuez tous les autres travaux en Lune descendante en Vierge ♍.

	jan.	fév.	mars	avril	mai	juin	juil.	août	sept.	oct.	nov.	déc.
Ail												
• Plantez, binez.	13	9	8							13	9	6
• Récoltez.					2.29	26	23	19				
Betterave												
• Semez (sol à 10 °C*).			18.26	14.22	12.20	8.16						
• Éclaircissez, binez.				5	2.29	26	23	19	15	13		
• Récoltez.						26	23	19	15	13	9	
Carotte												
• Semez (sol à 10 °C*).	3.22.30	1.18.27	18.26	14.22	12.20	8.16	5.13		6.25	3.22.31	1.19.27	17.24
• Désherbez, éclaircissez.		9	8	5	2.29	26	23	19				
• Récoltez.				5	2.29	26	23	19	15	13	9	
Céleri-rave												
• Semez (sol à 12 °C*).		1.18.27	18.26	14.22	12.20							
• Repiquez 2 fois, plantez.			8	5	2.29	26	23	19				
• Récoltez.								19	15	13	9	
Crosne												
• Plantez.			8	5								
• Binez, désherbez.				5	2.29	26	23	19	15	13		
• Récoltez.	13	9	8	5						13	9	6
Échalote												
• Plantez, désherbez.	13	9	8	5	2.29	26	23			13	9	6
• Récoltez.						26	23	19				
Endive												
• Semez (sol à 14 °C*).					12.20	8.16						
• Éclaircissez, désherbez.					29	26	23	19	15	13		
• Arrachez pour replanter**.										13		
Navet												
• Semez (sol à 15 °C*).	3.22.30	1.18.27	18.26	14.22	12.20	8.16	5.13	1.9.29				
• Éclaircissez, binez, arrosez.		9	8	5	2.29	26	23	19	15			
• Récoltez.				5	2.29	26	23	19	15	13		
Oignon blanc												
• Semez (sol à 10 °C*).	3.22.30	1.18.27	18.26	14.22				9.29	6			
• Éclaircissez, plantez, binez.			8	5	2.29	26			15	13	9	
• Récoltez.					2.29	26						
Oignon de couleur												
• Semez (sol à 10 °C*).	3.22.30	1.18.27	18.26	14.22				9.29	6			
• Éclaircissez, plantez, binez.			8	5	2.29	26	23		15	13	9	
• Récoltez.						26	23	19				
Poireau												
• Semez (sol à 10 °C*).	3.22.30	1.18.27	18.26	14.22	12.20			29	6			
• Éclaircissez, plantez, binez.		9	8	5	2.29	26	23	19	15	13	9	
• Récoltez.	13	9	8	5	2.29	26	23	19	15	13	9	6
Pomme de terre												
• Plantez.		9	8	5								
• Buttez, binez, récoltez.			8	5	2.29	26	23	19				
Radis												
• Semez (sol à 12 °C*).	3.22.30	1.18.27	18.26	14.22	12.20	8.16	5.13	1.9.29	6.25	3.22.31	1.19.27	17.24
• Éclaircissez, récoltez.	13	9	8	5	2.29	26	23	19	15	13	9	6
Salsifis, scorsonère												
• Semez (sol à 15 °C*).			18.26	14.22	12.20			1.9.29				
• Éclaircissez, binez, pincez.				5	2.29	26	23	19	15	13		
• Récoltez.	13	9	8							13	9	6

La culture du légume est expliquée à la date encerclée.

* Température idéale du sol pour une bonne germination. ** Voir la suite en légumes-feuilles.

AU POTAGER : les légumes-fruits

- Semez et plantez en serre, sous abri ou en pleine terre selon la saison et le climat de votre jardin.
- Semez en Lune montante en Bélier ♈ ou en Sagittaire ♐.
- Effectuez tous les autres travaux en Lune descendante en Lion ♌.

	jan.	fév.	mars	avril	mai	juin	juil.	août	sept.	oct.	nov.	déc.
Aubergine												
• Semez (au chaud à 20 °C*).		17 . 25	16 . 24	12								
• Repiquez, plantez, taillez.			5	2 . 29	27	23	21	17				
• Récoltez.							3 . 12 . 31	8 . 27	4 . 23	1 . 21 . 29		
Concombre et cornichon												
• Semez (sol à 18 °C*).			16 . 24	12 . 21	10 . 18	6 . 14						
• Éclaircissez, plantez, taillez.				2 . 29	27	23	21	17	13			
• Récoltez.						14	3 . 12 . 31	8 . 27	4 . 23	1 . 21 . 29		
Courge et courgette												
• Semez (sol à 14 °C*).			16 . 24	12 . 21	10 . 18	6 . 14	3					
• Éclaircissez, plantez, taillez.				2 . 29	27	23	21	17				
• Récoltez.							3 . 12 . 31	8 . 27	4 . 23	1 . 21 . 29		
Fève												
• Semez (sol à 8-10 °C*).	2 . 20 . 29	17 . 25	16 . 24							1 . 21 . 29	17 . 25	14 . 22
• Binez, buttez, étêtez.	10	6	5	2 . 29	27	23	21				7	3 . 31
• Récoltez.				12 . 21	10 . 18	6 . 14	3 . 12 . 31	8 . 27				
Haricot												
• Semez (sol à 10-12 °C*).				21	10 . 18	6 . 14	3 . 12 . 31					
• Binez, buttez.					27	23	21	17	13			
• Récoltez.						14	3 . 12 . 31	8 . 27	4 . 23	1 . 21 . 29		
Melon												
• Semez (sol à 20 °C*).			16 . 24	12 . 21	10 . 18							
• Repiquez, plantez, taillez.				2 . 29	27	23	21	17				
• Récoltez.							3 . 12 . 31	8 . 27	4 . 23			
Piment et poivron												
• Semez (au chaud à 20 °C*).		17 . 25	16 . 24									
• Repiquez, plantez, taillez.			5	2 . 29	27	23	21	17				
• Récoltez.							3 . 12 . 31	8 . 27	4 . 23	1 . 21 . 29		
Pois à grains ridés												
• Semez (sol à 10 °C*).			16 . 24	12 . 21	10 . 18							
• Binez, buttez.				2 . 29	27	23						
• Récoltez.						6 . 14	3 . 12 . 31					
Pois à grains ronds												
• Semez (sol à 10 °C*).	2 . 20 . 29	17 . 25	16 . 24	12 . 21						1 . 21 . 29	17 . 25	14 . 22
• Binez, buttez.	10	6	5	2 . 29	27						7	3 . 31
• Récoltez.				12 . 21	10 . 18	6 . 14						
Tomate												
• Semez (sol à 16-20 °C*).		17 . 25	16 . 24									
• Repiquez, plantez, taillez.			5	2 . 29	27	23	21	17	13			
• Récoltez.						14	3 . 12 . 31	8 . 27	4 . 23	1 . 21 . 29		
Fraisier												
• Plantez.			5	2 . 29				17	13	11		
• Récoltez.					27	6 . 14	3 . 12 . 31	8 . 27	4 . 23	1 . 21 . 29		

La culture du légume est expliquée à la date encerclée.

* Température idéale du sol pour une bonne germination.

AU VERGER : les fruitiers et les petits fruits

- Plantez, taillez, traitez, éclaircissez, bouturez en Lune descendante en Lion ♌.
- Greffez en Lune montante en Bélier ♈ ou en Sagittaire ♐.

	jan.	fév.	mars	avril	mai	juin	juil.	août	sept.	oct.	nov.	déc.
Arbres et arbustes à fruits												
Plantez												
• Préparez les trous de plantation, fertilisez.	10	6	5	2 . 29				17	13	11	7	3 . 31
• Installez les arbres fruitiers et les arbustes à petits fruits.	10	6	5	2 . 29					13	11	7	3 . 31
Taillez												
• Les arbres à pépins (pommiers, poiriers) et la vigne.	10	6	5								7	3 . 31
• Les abricotiers, pêchers.		6	5									
• Les petits fruits.	10	6	5				21	17	13			
• En vert, pommiers, poiriers, vigne.						23	21	17				
• Après la récolte, les abricotiers, pêchers.								17	13			
Traitez tous les arbres												
• À l'huile blanche, en hiver.	10	6									7	3 . 31
• À la bouillie bordelaise 2 fois par an : avant le débourrement et à la chute de feuilles.		6	5							11	7	
Éclaircissez												
• Les pommiers, poiriers, pêchers...					27	23						
Multipliez												
• Bouturez les petits fruits.	10	6	5								7	3 . 31
• Greffez les fruitiers.		17 . 25	16 . 24	12 . 21			3 . 12 . 31	8 . 27				
• Marcottez la vigne, l'actinidia.			5	2 . 29	27	23					7	
Les oliviers												
• Plantez.			5									
• Taillez, traitez.		6	5							11	7	
• Fertilisez.				2 . 29	27		21			11		

LE BOIS D'ŒUVRE ET DE CHAUFFAGE

	jan.	fév.	mars	avril	mai	juin	juil.	août	sept.	oct.	nov.	déc.
Abattez les grands arbres, débitez les troncs, fendez les bûches.	**en Lune descendante :** du 6 au 19 janvier, du 2 au 15 février, du 2 au 15 mars, du 29 au 31 mars.									**en Lune descendante :** du 6 au 19 octobre, du 2 au 15 novembre, du 30 novembre au 13 décembre, du 27 au 31 décembre.		

La culture de la plante est expliquée à la date encerclée.

AU JARDIN D'ORNEMENT : toutes les fleurs

- Éclaircissez, repiquez, plantez, taillez, bouturez, marcottez, divisez, fertilisez en Lune descendante en Gémeaux ♊ ou en Balance ♎.
- Semez, greffez en Lune montante en Verseau ♒.

		jan.	fév.	mars	avril	mai	juin	juil.	août	sept.	oct.	nov.	déc.
Rosiers 'Annapurna', 'Iceberg', 'The Fairy', 'Amber Queen', 'Pierre de Ronsard', 'le Grand Huit', 'Westerland'...	Plantez.	6.17	3.13	2.12.29								3.13.30	10.28
	Taillez les remontants,		3.13	2.12.29							6.16	3.13.30	
	les non remontants,							16.27	13.23				
	les fleurs fanées.					6.23	2.19.29	16.27	13.23	9.19	6.16		
	Bouturez.								13.23	9.19			
	Fertilisez.		3.13	2.12.29			2.19.29	16.27				3.13.30	10.28
	Greffez en écusson.								3.31	27			
Grimpantes vivaces Clématite, chèvrefeuille, glycine...	Plantez.	6.17	3.13	2.12.29	8.26					9.19	6.16	3.13.30	10.28
	Taillez.		3.13	2.12.29									
	Marcottez.				8.26	6.23	2.19.29	16.27	13.23	9.19			
Arbustes à floraison printanière ou estivale Magnolia, forsythia, lilas, deutzia, rhododendron, hortensia...	Plantez.	6.17	3.13	2.12.29	8.26					9.19	6.16	3.13.30	10.28
	Taillez.			2.12.29	8.26	6.23	2.19.29				6.16		
	Bouturez.			2.12.29	8.26	6.23	2.19.29	16.27	13.23	9.19			
	Fertilisez.		3.13	2.12.29								3.13.30	10.28
	Greffez.		20	20			9	7	3.31	27			
Fleurs annuelles Capucine, pétunia, zinnia, clarkia...	Semez.	24	20	20	17	13	9		3.31	27			18
	Éclaircissez, repiquez, plantez.		3.13	2.12.29	8.26	6.23	2.19.29	16.27		9.19	6.16		
Fleurs bisannuelles Giroflée, myosotis, pâquerette, pensée...	Semez.						9	7	3.31				
	Éclaircissez, repiquez, plantez.							16.27	13.23	9.19	6.16		
Fleurs vivaces Pavot d'Orient, rose trémière, ancolie, aster, pivoine...	Semez.			20		13	9	7	3.31		24	20	
	Éclaircissez, repiquez, plantez.				8.26		2.19.29	16.27	13.23	9.19	6.16	3.13.30	
	Divisez.			2.12.29	8.26			16.27	13.23	9.19	6.16		
Bulbes vivaces - à floraison printanière : Perce-neige, crocus, anémone, narcisse, jacinthe, tulipe...	Plantez.		3.13	2.12.29						9.19	6.16	3.13.30	
	Divisez.		3.13	2.12.29		6.23	2.12.29						
- à floraison estivale : Lis de la Madone	Plantez.							16.27	13.23	9.19			
Autres lis	Plantez.		3.13	2.12.29						9.19	6.16	3.13.30	
Canna, dahlia, glaïeul...	Plantez.	6.17	3.13	2.12.29	8.26	6.23							
	Pincez.					6.23	2.19.29	16.27	13.23				
	Arrachez.										6.16	3.13.30	
Rhizomes vivaces Iris...	Plantez, divisez.							16.27	13.23	9.19			

La culture de la plante est expliquée à la date encerclée.

AU JARDIN D'ORNEMENT :

- Plantez, taillez, élaguez, coupez les tuteurs, débroussaillez, bouturez en Lune descendante en Cancer ♋ ou en Scorpion ♏.

les arbres, arbustes, grimpantes à feuilles

		jan.	fév.	mars	avril	mai	juin	juil.	août	sept.	oct.	nov.	déc.
Conifères - Cèdre, cyprès, thuya, pin, sapin...	Plantez.		5.14	4.14	10.27					11.21	8.18		
	Taillez.			4.14	10.27				14.25	11.21			
	Bouturez.								14.25	11.21			
Arbres, arbustes à feuillage persistant - Buis, éléagnus, fusain, houx, laurier-palme...	Plantez.		5.14	4.14	10.27					11.21	8.18	4.14	
	Taillez.		5.14	4.14	10.27	7.25	3.21		14.25	11.21			
	Bouturez.		5.14	4.14					14.25	11.21			
Arbres, arbustes à feuillage caduc - Bouleau, charme, érable, hêtre, peuplier, platane, prunellier, saule...	Plantez.	9.18	5.14	4.14	10.27					11.21	8.18	4.14	2.12.29
	Taillez.		5.14	4.14	10.27		3.21	1.18.28	14.25	11.21			
	Élaguez.	9.18	5.14									4.14	2.12.29
	Coupez les tuteurs.	9.18	5.14									4.14	2.12.29
	Débroussaillez.						3.21	1.18.28	14.25				
	Bouturez.		5.14	4.14			3.21	1.18.28	14.25	11.21	8.18	4.14	
Grimpantes à feuillage caduc ou persistant - Lierre, vigne vierge...	Plantez.		5.14	4.14	10.27					11.21	8.18	4.14	2.12.29
	Taillez.			4.14		7.25	3.21	1.18.28	14.25				
	Bouturez.			4.14	10.27					11.21	8.18	4.14	

- Semez en Lune montante en Poissons ♓.
- Effectuez tous les autres travaux en Lune descendante en Cancer ♋ ou en Scorpion ♏.

la pelouse

		jan.	fév.	mars	avril	mai	juin	juil.	août	sept.	oct.	nov.	déc.
La nouvelle pelouse	Préparez le sol.		5.14	4.14	10				14.25	11.21			
	Étalez du compost.		5.14	4.14	10				14.25	11.21			
	Nivelez, ratissez, roulez.		5.14	4.14	10				14.25	11.21			
	Semez.				18	15				2.29			
Entretien annuel	Scarifiez.			4.14	10.27								
	Désherbez.			4.14	10.27	7.25				11.21	8.18		
	Fertilisez.			4.14	10.27							4.14	2.12.29
	Tondez, arrosez.			4.14	10.27	7.25	3.21	1.18.28	14.25	11.21	8.18		
Zones dégarnies	Griffez le sol, terreautez, roulez.			4.14	10	7			14.25	11.21			
	Semez, roulez, arrosez.				18	15				2.29			

En hiver, ne marchez pas sur votre pelouse s'il gèle ou en cas de neige, vous l'abîmeriez.

La culture de la plante est expliquée à la date encerclée.

Index

Collaboration rédactionnelle : Thérèse Trédoulat

Crédits photographiques
- ***Couverture :*** Shutterstock.
- ***Intérieur :* iStockphoto** : pp. 3g, 3d, 88-89, 106-107. **Rustica** : Franck Boucourt : 2g, 6-7 ; Éric Brenckle : 43, 47, 49, 55, 57, 65, 77, 79, 83 ; Christian Hochet : 41, 75, 87 ; Frédéric Marre : 2d, 36-37, 45, 51, 53, 59, 61, 63, 67, 71, 73, 81, 85 ; Virginie Quéant : 69.
- ***Poster :*** Philippe Moussette (têtière) – iStockphoto (autres photos).

Illustrations
Infographies : Michel Marin
Courbes poster : Laurent Stefano
Pictogrammes : Michel Marin
Dessins pp. 10 et 11 : Isabelle Frances

Direction : Guillaume Pô
Direction éditoriale : Élisabeth Pegeon
Édition : Liza Person-Lisiecki
Direction artistique : Julie Mathieu
Mise en pages : Véronique Sommeilly
Direction de fabrication : Thierry Dubus
Fabrication : Julia Mirenda

Photogravure : SNO

Sources données lunaires : Institut de Mécanique Céleste, www.imcce.fr
Sources coefficients des marées :
SHOM Reproduction des prédictions de marées du SHOM pour Brest – non vérifiée par le SHOM et réalisée sous la seule responsabilité de l'éditeur – numéro d'autorisation 2022-139.

Dépôt légal : août 2022
www.rusticaeditions.com
1re édition
ISBN : 978-2-8153-1900-3
Code MDS : RU19003 (R22088)

PEFC
PEFC/14-38-00260
Certifié PEFC
Ce produit est issu de forêts gérées durablement et de sources contrôlées
www.pefc-france.org

Rustica éditions s'engage pour la planète : cet ouvrage est imprimé de façon écoresponsable sur du papier certifié PEFC™ issu de forêts gérées de façon durable.

Achevé d'imprimer en juillet 2022 par Edelvives (Espagne).